LA PROSTITUTION

DEVANT LE PHILOSOPHE

ŒUVRES COMPLÈTES

DE

M. le commandant CHARLES RICHARD

— DU GÉNIE. —

ALGÉRIENNES

Etude sur l'insurrection du Dhara........................ 1 vol.
Du gouvernement Arabe................................ 1 —
De la civilisation du peuple Arabe........................ 1 —
De l'esprit de la législation musulmane, brochure in-32.
Scènes de mœurs Arabes................................ 1 —
Les mystères du peuple Arabe........................... 1 —
Examen critique de la lettre de l'Empereur, brochure in-8°

LITTÉRAIRES

Le bon Célime, poème anodin............................ 1 —

SCIENTIFIQUES

Cosmogonie : Origine et fin des mondes.................. 1 —

PHILOSOPHIQUES

Les lois de Dieu et l'esprit moderne..................... 1 —
Les révolutions inévitables dans le globe et l'humanité... 1 —
Esquisse d'une philosophie synthésiste................... 1 —
Principes de science générale........................... 1 —
La prostitution devant le philosophe..................... 1 —

Mémoires insérés dans le bulletin de l'Académie du Var :

De la prévision des événements humains.
De la possibilité d'un autre monde.
Règle de conduite.

En préparation :

Pochades philosophiques en vers......................... 1 —

Imprimerie D. BARDIN, à Saint-Germain.

LA

PROSTITUTION

DEVANT LE PHILOSOPHE

PAR

CHARLES RICHARD

Le père en prescrira la lecture à son fils

PARIS
AUGUSTE GHIO, ÉDITEUR
PALAIS-ROYAL, 1, 3, 5, 7, GALERIE D'ORLÉANS
—
1881

LA PROSTITUTION

DEVANT LE PHILOSOPHE

AVANT-PROPOS

Appréciations courantes. — Épithètes variées suivant l'âge et le tempérament du sujet.

Saint Augustin, — Il n'est peut-être pas mauvais, au début d'un pareil sujet, de se mettre sous l'invocation d'un saint, — Saint Augustin, qui connaissait la prostitution pour l'avoir pratiquée dans sa jeunesse, a dit qu'elle était aussi nécessaire à l'assainissement d'une société qu'un égout à l'assainissement d'une ville. Voilà une appréciation qui, quoique formulée en termes un peu réalistes, comme on dit aujourd'hui, ne manque pas de justesse.

D'autres moralistes, renchérissant sur la crudité de l'expression, l'ont considérée comme un cautère destiné à débarrasser le corps social de ses humeurs malsaines — humeurs peccantes sans doute — et d'empêcher par là que ledit corps social ne parcoure la série des maladies énumérées par M. Purgon, et n'arrive ainsi à la mort, qui est tout simplement la cessation de la vie, ainsi qu'il le dit excellemment.

Ces moralistes devaient être des médecins.

D'autres encore ont comparé la prostitution à un paratonnerre destiné à dissiper la foudre des passions humaines, menaçant de réduire en poudre les mœurs et les institutions.

Ces derniers étaient évidemment des physiciens.

D'autres encore, empreints de cette intolérance propre aux vieux pécheurs, ont épuisé contre elle la gamme des épithètes violentes et agressives : *commerce odieux, trafic infâme, honte de notre espèce, ignominie des ignominies* et une foule d'autres expressions déclamatoires destinées à exhaler leur indignation de contrebande, qui sent en diable la peur de celui-ci.

Mais tous les fabricants d'épithètes n'en sont pas là. Un de mes amis, entre autres, qui a de l'esprit à ses heures, est plus délicat dans le choix de ses expressions. Il désigne tout simplement, sous le nom gracieux de marquises, les femmes qui se vouent à la prostitution. Pourquoi ? Parce que, dit-il, elles défendent les marches de la famille régulière, comme autrefois les marquis défendaient les marches de la patrie contre les ennemis du dehors. Ce rapprochement ne manque pas de hardiesse, et il n'y a qu'un esprit aussi indépendant qu'original qui puisse se le permettre. Les moralistes de profession doivent tout naturellement le trouver scandaleux et abominable.

Ce même penseur, évidemment très excentrique, se permet encore d'appeler les établissements dans lesquels ses « marquises » rendent leurs services « des maisons de bienfaisance. » Cette appellation bienveillante rend, d'après lui, parfaitement l'idée qu'on doit se faire de ces établissements protecteurs des mœurs publiques. Il est évident que l'audace de l'expression ne peut aller au delà. Mais, en prenant pour ce qu'elles valent ces appréciations dont la liste est loin d'être épuisée, il est clair qu'il reste à formuler quelque chose de raisonnable pour calmer la mêlée de leurs contradictions.

Il y a de plus, à présenter une solution juste et humaine de cette inévitable prostitution que nous traitons encore d'une manière hypocrite et barbare et dans la police de laquelle on rencontre avec stupéfaction, les derniers vestiges d'un arbitraire qu'on croyait à jamais disparu. Il y a, en un mot, à introduire un peu d'humanité et de justice dans un réduit social qui en est absolument privé. C'est ce que je me propose de faire. Et, bien que le sujet passe pour scabreux, je sens que je m'y promènerai plus à l'aise que dans les catégories d'Aristote ou l'idéalisme transcendantal de Kant.

CHAPITRE PREMIER

Entrée en matière par la bonne porte. — Une passion irrésistible à laquelle beaucoup proposent de résister tout en y cédant. — Types irréalisables à réaliser.

La passion sexuelle est une passion absolument indomptable. On peut en gémir, mais il serait difficile qu'il en fût autrement. Et, en effet, si elle n'avait pas ce caractère, il est à peu près certain, que notre espèce n'aurait pas déroulé de longues destinées sur la terre qui la porte. Le Créateur, qui prend naturellement soin de son œuvre et qui tient apparemment à sa perpétuation, ne l'a pas voulu ainsi. Et, pour être sûr d'être obéi, il a tout simplement fait l'attrait sexuel irrésistible. Bien lui en a pris, car, sans cette condition formelle, qui donc, dans les temps obscurs où l'homme, avoisinait la brute, aurait songé à se perpétuer dans ses enfants? Et, dans les temps plus heureux où nous sommes parvenus, quels sont les étourdis qui demanderaient à fonder une famille devant les incertitudes que l'avenir lui réserve ?

Les annales judiciaires regorgent des crimes que la passion sexuelle comprimée peut produire. Le législateur a donc le devoir de s'en occuper d'une manière attentive, et de veiller à ce que satisfaction lui soit donnée le plus largement possible.

C'est un intérêt de premier ordre, car il touche à la sécurité et à la moralité publiques. Je parle de la moralité sincèrement entendue, et non pas de celle qui accepte la dégradation de l'âme humaine, pourvu que les apparences soient sauvées.

Le législateur répond qu'il a institué le mariage dans le double but de perpétuer l'espèce et de donner satisfaction à la passion dont il s'agit.

Le mariage est certainement une institution des plus augustes quand il consacre la communion de deux cœurs faits l'un pour l'autre. Seulement il a contre lui qu'il est insuffisant, ainsi qu'il est facile de s'en rendre compte.

Sans invoquer la statisque qui n'amuse personne, pas même ceux qui la font, quelques réflexions bien simples trouvent ici leur place.

L'homme est nubile vers dix-huit ans, et ne peut guère se marier qu'à trente, dans nos conditions sociales présentes. C'est précisément pendant ces douze ans, où il a littéralement le diable au corps, qu'on lui demande d'être bien sage et de ne jamais s'approcher d'une femme. Telle est du moins la conclusion à laquelle arrivent sans rire, chacune de leur côté, la morale civile et la morale religieuse.

Est-ce vraiment possible ?

La société crée ainsi divers types qu'elle considère comme nécessaires à son existence, mais qu'elle ne parvient jamais à réaliser, par la bonne raison que dame nature s'y oppose formellement. — De là, on le sait, le soupçon justifié chez certains penseurs, que ladite société, malgré ses grands airs, n'est pas encore dans ses conditions normales. — Mais, de tous ces types, à coup sûr le moins réalisable, le plus extravagant, le plus grotesque, le plus dérisoire, le plus ruisselant d'inouïsme, comme disait Roqueplan, c'est incontestablement celui du jeune homme dans toute l'énergie des sens, vivant sans relations sexuelles, de peur de troubler l'ordre qui le soumet à ce martyre.

Quoi qu'en disent les faiseurs d'homélies, il est certain qu'il le troublera si, par un moyen quelconque, on ne lui donne pas satisfaction.

CHAPITRE II

Impuissance de la répression. — Illusions du législateur d'autrefois. — Les ribaudes et leur exécution sommaire. — En fin de compte, leur victoire.

Le législateur d'autrefois était un singulier homme, — il est bien encore un peu comme ça aujourd'hui — il s'imaginait qu'il suffisait de défendre une chose pour qu'elle ne se fît pas. Il paraissait ignorer les lois de la nature, contre lesquelles celles qu'il promulguait étaient absolument impuissantes.

« L'homme, disait-il, ne peut résister au désir de s'unir à la femme avant le mariage que j'ai établi ; cela dérange mes combinaisons ;

rien n'est plus simple que d'en assurer l'harmonie. Après avoir menacé les délinquants des flammes éternelles dans une autre vie, s'ils passent outre, je les condamnerai à la prison, si la prison ne suffit pas, j'y adjoindrai la bastonnade; si ces deux petits traitements échouent, je les pendrai, je les enterrerai vivants, je les brûlerai à petit feu, je les noierai même pour varier les châtiments, et en ayant soin de ne pas me faire prendre moi-même, — ce qui me sera très facile. — Tout ira pour le mieux dans le meilleur des équilibres possibles. »

Mais tout n'alla pas pour le mieux.

La prostitution, malgré les édits barbares qui voulaient l'arrêter, édit, il faut le dire, dont les auteurs étaient précisément les hommes les plus corrompus et les plus débauchés de leur temps, la prostitution continua à vivre et à remplir son office fatal.

Chassée de la rue, elle se réfugia dans les palais, dans les cours même, où les rois et les princes se firent ses protecteurs secrets. Elle osa même, il faut le dire, se réfugier dans les églises, dont elle occupa les clochers; ce qui valut le surnom d'hirondelles aux malheureuses qui y avaient trouvé un asile.

La prostitution eut, aux armées, une existence officielle, et les généraux la tolérèrent volontiers en songeant aux viols et aux crimes encore plus odieux qu'elle épargnait aux soudards de ces temps barbares. Seulement, quand les ribaudes pullulaient un peu trop, on en fusillait un certain nombre et même on en noyait un millier à la fois, comme le fit, dans la Loire, le maréchal Strozzi sous Charles IX.

Eh bien! qu'est-il résulté de toutes ces monstruosités draconiennes? Il en est résulté que la prostitution a fini par être officiellement tolérée et que le législateur, bien qu'il ne s'en soit pas encore occupé, va être contraint de lui faire une situation légale. Ce ne sera pas trop tôt. C'était bien la peine de traiter si cruellement des créatures avec lesquelles on ne pouvait éviter d'entrer en arrangement. Il aurait beaucoup mieux valu commencer par là.

CHAPITRE III

La prostitution devant l'Église. — Accommodements théologiques et casuistiques.

L'Église est comme toutes les institutions de ce monde : elle a une théorie et une pratique. En théorie, elle condamne aux flammes éternelles ceux qui commettent ce qu'elle appelle le péché de la chair ; en pratique, elle leur donne sans difficulté l'absolution et les envoie en paradis. Ces adoucissements rendent ses foudres très tolérables. Beaucoup de hauts débauchés de l'histoire l'ont compris et s'en sont bien trouvés. Louis XIV, vivant en double adultère, sans compter les nombreuses escapades, recevait du père La Chaise la promesse formelle d'aller au ciel, dès qu'il en manifestait le désir.

C'était généralement à Pâques.

Louis XV, au milieu de ses dérèglements, avait la précaution de tenir un confesseur à sa portée, de manière à s'assurer l'absolution à la première menace de mort. Voilà qui n'était pas maladroit.

Un théologien de mes amis, — car j'ai le bonheur d'avoir des amis de toutes les couleurs — me disait à ce propos : « Quoi de plus naturel et de plus conforme à l'esprit de l'Eglise? L'indulgence et la rémission des péchés, mais c'est précisément sa mission sur la terre. A quoi donc pourrait-elle employer son temps, si elle n'avait pas cette besogne à faire? Ses absolutions, faciles et sans cesse renouvelées, font sa force et son prestige. Les jésuites l'ont admirablement compris, et c'est précisément parce que, suivant une expression consacrée, ils ont la manche large, qu'ils conservent encore une si grande influence, particulièrement sur les femmes, qui aiment beaucoup les pardons faciles. Mais, mon cher, réfléchissez un instant à ce que deviendraient l'Eglise sans le pécheur, et le pécheur sans l'Eglise. Il est bien évident que l'un ne peut aller sans l'autre. Donc le pécheur nous est nécessaire, seulement nous le demandons croyant et confiant. Cette condition remplie, tout marche à souhait dans le moins mauvais des mondes possibles. »

Mon théologien étant par profession un homme parfaitement orthodoxe, il résulte de son commentaire que la prostitution n'a rien qui puisse effaroucher l'Eglise. Et, en effet, sans parler de son rôle dérivatif reconnu par saint Augustin lui-même, cette institution sert à entretenir une foule de pécheurs qui ont tous un besoin pressant d'absolution.

L'Eglise, tout en l'anathématisant pour la

forme, s'en est toujours si bien accommodée qu'elle avait soin, autrefois, de placer des confesseurs auprès des troupes de ribaudes qui suivaient les armées. On se demande ce que pouvaient bien faire là ces confesseurs, entourés de pareilles ouailles? Enfin, ils y étaient.

On sait d'ailleurs que les pécheresses à gages sont plus nombreuses dans les pays très catholiques que dans ceux qui le sont moins, ou qui ne le sont pas du tout. En Espagne, le commerce sexuel se fait, en quelque sorte, à l'ombre de l'autel, et atteint là une liberté d'allure qui nous est inconnue. Il n'est pas rare de voir, dans ce pays très religieux mais très ardent, une femme dite honnête s'éclipser un instant du monde pour aller dans quelque maison galante gagner de quoi payer ses créanciers et rétablir ses affaires.

Dans les colonies espagnoles, encore plus catholiques, si c'est possible, que la métropole elle-même, il se passe autour du temple, et quelquefois par l'intermédiaire de son personnel, de ces choses que les vieux loups de mer, qui les ont vues, peuvent seuls raconter sans rougir.

A Rome, nos soldats se rappellent que la prostitution se fait sur une si vaste échelle, qu'il a été impossible au Saint-Père de lui assigner un quartier spécial. Le cardinal Antonelli disait, à ce propos, au général français qui lui en demandait des nouvelles, que ce quartier était partout et qu'il comprenait la ville sainte tout entière. Le cardinal s'y connaissait et son opinion sur ce point est très significative.

Si nous consultions les casuistes, nous en verrions bien d'autres. Nous trouverions tout d'abord le R. P. Liguori, qui reconnaît comme très valable le contrat par lequel une femme abandonne son corps pour une somme déterminée, et qui professe qu'un contrat de cette nature mérite d'être observé tout comme un autre. Mais arrêtons-nous là. On irait loin avec les casuistes de la grande école, et il faudrait bien vite se mettre à parler latin, ce qui est très gênant pour tout le monde.

Laissons aussi dormir en paix certains papes qui, non seulement ont vécu en bonne intelligence avec la prostitution, mais encore ont su en tirer profit. Les papes peuvent être infaillibles aujourd'hui, je veux bien le croire, puisqu'on le dit, et que je n'y vois aucun inconvénient, mais à coup sûr ceux dont il s'agit ne l'étaient guère.

D'ailleurs le seul point que nous voulions retenir et qui nous paraît hors de controverse est celui-ci :

L'Eglise s'est toujours montrée très conciliante envers la prostitution, qu'elle n'a cessé de considérer comme un mal nécessaire, et s'est généralement gardée de la gêner dans son libre fonctionnement.

Ce en quoi elle a fait preuve d'une parfaite intelligence des besoins invincibles de notre nature, et d'une grande habileté à ne pas se heurter maladroitement contre l'impossible.

CHAPITRE IV

Les hommes pieux. — Un camp affamé et un prétoire indigné. — Solutions bienveillantes et sévères. — Les pécheurs au cadre d'inactivité.

Un général fort bon catholique et aussi orthodoxe qu'on peut l'être quand on ne fait pas partie de la sacrée congrégation de l'Index se trouvait occuper en Afrique une petite ville arabe dont les habitants avaient fui devant nous. Sa petite armée se trouvait composée de Français, de turcos et de diverses troupes dites irrégulières qui méritaient amplement ce qualificatif. Mais la garnison manquait absolument de femmes, et pas un jupon ne venait égayer la monotonie d'une existence mâle à outrance.

Il en resultait une situation moristique extrêmement tendue et qu'il vaut mieux laisser deviner — ce qui n'est pas difficile — que de décrire complaisamment. Contentons-nous de dire que si la pluie de feu qui engloutit autrefois deux villes fort mal notées dans la sainte Écriture était passée par là, elle s'y serait certainement arrêtée pour recommencer la même besogne.

Le général pieux et orthodoxe, ne l'oublions pas, fut épouvanté de cet état de choses contre lequel il se reconnaissait impuissant. Et cherchant un remède au mal dont il gémissait, il finit par le trouver tout simplement là où il était. Il écrivit à un consul français du port d'Espagne le plus voisin, lui demandant si par un prochain bateau, il ne pourrait pas lui expédier une cargaison de femmes bien conditionnées et dans un état sanitaire irréprochable, lui expliquant franchement ce qu'il voulait en faire. Le consul, homme intelligent, lui répondit, sans retard, que rien n'était plus facile que de trouver en Espagne ce qu'il lui fallait.

Il fréta donc un navire *ad hoc* et après avoir fait une battue, que dis-je une battue? une simple annonce, dans la ville qu'il occupait, il put réunir une charmante cargaison d'Espagnoles de beautés diverses et pleines de bonne volonté.

Dès qu'elles eurent débarqué sur la terre hospitalière qui les appelait, le général, plein de sollicitude pour ces charmantes filles, envoya une escorte à leur rencontre et celles-ci firent, au son de la musique, dans la ville affamée, une de ces entrées triomphales comme on n'en fit jamais à un empereur romain revenant vainqueur des Sarmathes.

La discipline militaire, ponctuelle et prévoyante en toutes choses, régla la distribution avec un ordre admirable, et ces messagères des lois de la nature eurent bientôt amené parmi les troubadours la moralité relative dont l'absence avait épouvanté le pieux général.

Il est inutile de dire que la distribution se fit naturellement suivant l'ordre hiérarchique. Elle commença par les officiers supérieurs en descendant successivement par les divers grades; c'était inévitable. Il en résulta, on voit cela d'ici, que les derniers échelons n'eurent que le fond du panier. Mais ce fond du panier était encore fort acceptable, surtout pour des gens doués d'un pareil appétit.

Autre exemple, celui-ci moins ancien.

J'étais dans le prétoire d'un tribunal de 1re instance, à côté d'un maire d'une petite ville voisine qui se trouvait là pour suivre les débats d'une affaire qui intéressait ses administrés.

Il s'agissait d'un cafetier accusé d'avoir tenu un petit tripot clandestin, où les naïfs de l'endroit allaient se faire plumer. Ce qui compliquait le cas de ce tripot, c'était un tripotage non moins clandestin, dans lequel certaines soubrettes rustiques jouaient le rôle de syrènes, et attiraient dans l'abîme les trop galants villageois.

Tout le monde comprend combien ce double commerce de soubrettes et de cartes prohibées, était coupable aux yeux de la loi. L'inculpé se débattait comme il pouvait à l'aide d'un avocat fort spirituel, mais dont l'esprit n'allait pas cependant jusqu'à faire paraître blanc ce qui était parfaitement noir.

Aussi, malgré le charme de ses périodes, son client ne put éviter un revers du glaive de Thémis, qui me parut assez fortement appliqué.

Je sortis de l'audience accompagné précisément du maire du condamné, de l'homme très pieux et parfait catholique, ainsi que nous l'avons dit.

Il se frottait les mains en signe de satisfaction. Le tribunal, suivant lui, avait admirablement jugé. Enfin, me dit-il, me voilà débar-

2

rassé du tripot et des drôlesses qui l'alimentaient et débauchaient mes jeunes gens.

Fort bien, lui répondis-je, mais que pensez-vous que vont faire maintenant vos jeunes gens qui ne seront plus débauchés, ne craignez-vous pas qu'à leur tour, ils ne débauchent vos innocentes villageoises?

Oh! oh! fit-il, depuis que nous avons la gare, je n'ai plus ce souci. En quelques minutes mes gaillards trouvent à la ville de quoi se satisfaire, et n'ont plus de motif pour s'attaquer aux jeunes filles de l'endroit. Sans cette gare, cela ne tournerait pas si bien, mais nous avons la gare et les bonnes mœurs sont sauvées.

Ah çà, mon cher maire, si votre collègue de la ville renvoyait aussi ses célibataires pressés à une autre ville, au moyen de sa gare, car lui aussi a une gare, et si ce procédé se généralisait, qu'est ce que tout cela deviendrait?

Dans ce cas, cher monsieur, je n'aurais nulle

honte à organiser dans ma commune, le service qui manquerait chez mes voisins, et loin de m'en cacher, je croirais faire un acte méritoire.

Fort bien répondu, mon cher maire, on peut vous appeler clérical et même sacristain, mais à coup sûr, vous êtes en même temps un homme d'esprit et de beaucoup de sens.

Ce général et ce maire sont certainement des gens très sincèrement religieux et très correctement catholiques, et voilà ce qu'ils pensent de la prostitution.

Mais à côté de ces hommes justes et intelligents, il y a toute une catégorie de vieux plaisantins sur le retour, qui ne pensent pas de la même manière.

Après avoir usé et abusé de la prostitution dans leur verte jeunesse, ils espèrent, à l'heure où la peur du Diable les talonne, faire oublier leurs égarements, en se montrant d'une austérité qui veut être farouche, mais qui n'est que risible. C'est à cette classe de débauchés devenus sages, par l'inflexible loi de la nature, que l'on doit en grande partie, cette belle collection de qualificatifs indignés dont nous avons donné un échantillon.

Il est inutile de dire que l'opinion de ces chastes impuissants, ne peut guère compter dans une appréciation sincère de l'institution qui nous occupe.

On vient de voir que les hommes véritablement pieux et qui ne sont pas encore parvenus à l'âge de la continence obligatoire, ne la considèrent pas du même œil. Pouvant encore en user et n'en usant pas, il est clair que leur appréciation a une tout autre valeur que celle de tous ces vieux pécheurs qui depuis longtemps ne sont plus au cadre d'activité.

CHAPITRE V

La morale. — Le bien et le mal. — Le péché et le cas qu'on en fait. — Le bien relatif.

La critique philosophique a depuis longtemps démontré que la plupart de nos idées représentent des non-sens ou des contresens. Il est peu de catégories de rapports où ce triste phénomène se manifeste plus clairement que dans ce que la majorité des esprits appelle la morale, sans se rendre bien compte de ce que c'est.

La morale, en deux mots, ne peut être que la science du bien et du mal. Elle enseigne à distinguer le premier du second, et démontre qu'il y a un intérêt social de premier ordre à éviter celui-ci et à pratiquer celui-là.

Qu'est-ce que le bien? C'est naturellement ce qui est avantageux à l'homme.

Qu'est-ce que le mal? C'est évidemment ce qui est nuisible à ce même homme. On pourra écrire des volumes sur ce thème — cela d'ailleurs a déjà été fait surabondamment — mais on ne sortira jamais de ces simples propositions. Protagoras disait que l'homme était la mesure de toutes choses. Ce vieux sceptique qui radotait souvent, n'avait pas tout à fait tort en ce qui concerne la morale.

Je fais un acte dont je me trouve bien et qui ne nuit pas à mon semblable, je suis dans la moralité. J'en fais un autre qui me nuit ou nuit à mon semblable, je pratique une immoralité.

Il me paraît difficile de sortir de là.

Je sais très bien que l'église intervient ici pour dire à peu près le contraire. Elle professe que l'homme est fait pour souffrir, que par suite la douleur est un bien et que Dieu trouve très agréable, qu'on se prive de manger et qu'on se donne les étrivières. Mais je sais aussi que ces préceptes sont aussi peu suivis que possible et qu'ils sont en opposition flagrante avec les lois de notre nature. Or ces lois qui les a faites, si ce n'est Dieu lui-même? En tout cas ce n'est assurément pas nous, pauvres humains qui les subissons.

L'Église est certainement dans son rôle quand elle dit à un homme qu'il commet un péché en accomplissant certains actes, mais ce même homme a parfaitement le droit de lui répondre : comme je m'en trouve bien et que personne n'en souffre, je ne puis comprendre ce que cela veut dire. S'il ne le dit pas, il le pense inévitablement, ce qui revient exactement au même à l'égard de ses déterminations. Le commerce de l'homme et de la femme étant commandé par une loi inflexible, que celui-ci l'appelle un péché, celui-là une immoralité, ces qualificatifs sont absolument impuissants à l'empêcher. Seulement ils ont l'inconvénient grave de donner naissance à l'hypocrisie, vice odieux qui est condamné par tout le monde. Et si, comme on le dit, l'hypocrisie est un hommage rendu à la vertu, celle-ci doit être joliment satisfaite et ses prétendus interprètes aussi. Cela n'est pas sérieux, il ne peut se faire, en effet, qu'un mal ajouté à un autre mal ait le privilège d'une double négation et produise autre chose qu'un mal plus grand.

La morale vraiment divine, celle qu'on rencontre dans la synthèse des lois qui nous gouvernent, ne raisonne pas précisément ainsi.

Elle dit : dans ce monde, les choses ne valent que par comparaison : un moindre mal peut donc a bon droit être considéré comme un bien relatif. La prostitution dans nos conditions actuelles, representant la part du feu — feu des passions, si l'on veut — est évidemment préférable à un incendie total. Elle est donc par rapport à la perte éprouvée par la société une atténuation de mal dont elle profite. Elle est donc un bien, quand tous les effarouchés de contrebande feraient semblant de protester, c'est ainsi, et il n'y pas un homme de sens qui n'en convienne.

CHAPITRE VI

Excès et débauche. — Exception infime et infirme. — La déesse Mylitta n'y peut rien.

Mais diront les timorés : si l'on reconnaît officiellement que la prostitution est un bien relatif tout le monde s'y précipitera et nous tomberons dans une débauche générale.

Le beau raisonnement ! c'est à peu près comme si l'on disait : Il faut bien se garder de proclamer que le vin est une boisson salutaire, parce que, inévitablement, nous allons tous devenir des ivrognes.

L'excès en tout est un défaut, cela a été dit et même chanté souvent. Tout le monde le reconnaît au moins en théorie. Mais ce ne sont pas des homélies qui arrêtent ceux que des tempéraments de feu entraînent au delà des limites d'un usage prudent de toutes choses. Dans tous les temps on a vu des hommes enclins à abuser des plaisirs restreints que la vie comporte, mais ils ont toujours été relativement en petit nombre. Et il n'en pouvait être autrement ; car, sans cela, notre pauvre espèce se serait depuis longues années éteinte, sur le petit globe où elle roule ses destinées. Les débauchés, les ivrognes, les joueurs et les voleurs, n'ont jamais formé qu'une très-faible minorité de la masse humaine, et cette minorité, ainsi que l'histoire en témoigne, ne fait que décroître avec le progrès des lumières et du bien-être.

La Société païenne avec son monstrueux Priape et sa lascive Vénus qui excitaient à la débauche sous prétexte de religion n'a cependant pas dépassé les limites posées par notre propre nature. Il est bien évident que les excès dont il s'agit ont dû produire alors tout le mal qu'ils comportent. Nous voyons pourtant ces peuples païens sous une influence aussi énervante, conserver à travers les plus rudes épreuves, cette énergie indomptable qui fait encore l'objet de notre admiration. Ils avaient pourtant des prêtres qui, loin de prêcher la continence, sanctifiaient la prostitution et en faisaient un mérite devant les dieux en crédit. Pourquoi n'ont-ils pas été anéantis par les excès auxquels la religion elle-même les conviait ? Tout simplement parce que les excès sont contraires à notre nature, et que l'homme s'en préserve instinctivement dès qu'il en a sondé les dangers. Une faible minorité seule, composée des infirmes de la raison et du tempérament, peut en être victime et cela malgré les terreurs imaginées pour l'empêcher.

Nous avons eu en France des cours d'une corruption moristique excessive, et dont les exemples valaient bien, comme influence dissolvante, les sermons des prêtres de la déesse Mylitta. Cela a-t-il empêché ce grand pays de marcher constamment vers une moralité plus haute ? Et pourtant il a été gouverné par des hommes tels que François Ier, Charles IX, Henri III, Louis XIV, Louis XV, sans compter ceux qu'il me faut passer, vu leur nombre. Si la débauche dans le sens grossier du mot, avait eu le pouvoir d'anéantir notre espèce, c'eut été, à coup sûr, sous l'influence de ces honteux exemples. Mais les masses profondes dépositaires de la vie et de l'avenir sont réfractaires à leur suicide. Elles portent en elles des germes impérissables qui se développent quand même, et assurent la marche vers le mieux.

C'est sur quoi nous tomberions tous d'accord si l'on nous apprenait l'histoire vraie. Malheureusement parmi les établissements où on l'enseigne, les uns la falsifient, les autres la tronquent et n'en conservent que l'inutile.

La Pédagogie attend encore son histoire. Il n'y en a qu'une à faire et à professer, c'est l'histoire du progrès humain. Quand elle sera bien comprise, alors commencera l'unité des esprits, et l'on ne verra plus des gens, qui ont pourtant fait ce qu'on appelle de bonnes études, se mettre à regretter un passé qu'ils ignorent et où ils ne voudraient pas vivre en peinture s'ils le connaissaient bien.

Si l'oisiveté est la mère de tous les vices, on peut affirmer que le faux savoir est le père de toutes les sottises ; Dieu nous préserve de leur mariage !

Ceux qui redoutent les abus de la prostitution, sont les cousins germains de ces esprits timides qui ont peur du divorce parce que, disent-ils, s'il était rétabli, les hommes se mettraient à changer de femmes comme de chemises. On a beau leur expliquer que cela est matériellement impossible, que cela ne s'est vu nulle part dans les pays où ce palliatif des malheurs conjugaux est légalement admis; rien n'y fait. C'est exactement comme si l'on s'adressait a des sourds. Ils le sont, en effet, et de l'espèce la plus dure, les sourds de raison.

Aux yeux des esprits réfléchis et sérieux, il ne peut donc y avoir aucun danger à reconnaître hautement, que la prostitution est une institution relativement morale et qu'en considération des services qu'elle rend, elle est un bien.

Une dernière remarque.

L'homme n'abuse généralement pas des plaisirs qui sont à sa portée et dont l'usage lui est facile. Les ivrognes ne fleurissent pas dans les pays qui abondent en vin, mais bien dans ceux ou la vigne est inconnue. Regardez une ville maritime, qui voit-on titubant, brayant et roulant dans les ruisseaux? Ce sont ces pauvres et rudes matelots qui, longtemps privés des plaisirs de la terre, s'y abandonnent avec une fougue aveugle et règlent en quelques jours, leurs longs arriérés de disette. Les femmes bien qu'ils les paient généreusement, les redoutent comme des fauves en rut.

Ces faits et beaucoup de semblables, connus de tout le monde, prouvent que la débauche et ses excès ne peuvent être plus sûrement combattus que par une prostitution facile et en quelque sorte sous la main des tempéraments de feu qui en ont le plus pressant besoin. C'est pour ceux-ci, surtout, qu'elle joue un rôle moral et modérateur. Quant aux sermons, il n'y faut plus songer après leurs échecs séculaires. Toutefois, n'empêchons personne de les recommencer.

Respect à la conscience humaine.

CHAPITRE VII

Les médecins. — Variétés de leurs prescriptions et de leurs contradictions. — Vieux garçons, vieilles filles. — Curieuse consultation d'un octogénaire.

Il en est des médecins comme des généraux: Sur dix il y en a bien neuf qui auraient mieux fait de s'occuper d'autre chose. Cette assertion n'a rien qui puisse blesser un membre quelconque de ces deux catégories de citoyens, car rien ne lui est plus facile que de se placer dans l'exception. Et, à tort ou à raison, on peut être sûr qu'il ne manquera pas de le faire.

Pour les deux importantes fonctions dont il s'agit, il faut des facultés et des qualités spéciales, encore plus que du savoir. Or, quand ces précieux éléments font défaut, le plus instruit des médecins peut vous mettre en terre un pauvre homme pour une entorse, et le plus savant des généraux peut se faire battre à plate couture par le premier guerroyeur venu, qui ne sait pas un traitre mot de tactique.

Un de mes amis, grand amateur de poivre, n'osait cependant pas se livrer à ce plaisir colonial, parce que son médecin, qui craignait les épices, lui avait déclaré qu'il périrait inévitablement s'il en continuait l'usage. Grande était sa perplexité. Passe un sceptique — les sceptiques ont quelquefois du bon — qui lui dit : La belle affaire ! changez tout simplement de médecin ; allez trouver le mien et vous verrez.

L'ami se dirige immédiatement vers le nouveau docteur. Celui-ci était un mangeur effréné de l'épice en litige. Il en mettait partout. Des plaisants disaient même qu'il allait jusqu'à en saupoudrer son café. Ce qui n'était pas douteux, c'est qu'il en faisait une consommation considérable.

Le cas est exposé devant lui.

Comment, dit le docteur, avez vous pu trouver parmi mes confrères, un esprit assez borné pour vous proscrire l'usage du poivre ? Mais sans ce précieux condiment, il y a beau jour que je ne serais plus de ce monde. C'est lui précisément qui m'a guéri d'une gastrite mortelle, contre laquelle avaient échoué tous les médicaments connus. Mangez-en, monsieur, tant que vous pourrez, vous n'en mangerez jamais assez. Dieu soit béni ! fit l'ami, me voilà enfin rassuré. Mais quel grand docteur que cet homme-là !

A la place du poivre, mettez la femme, et vous aurez l'idée de ce qui se passe quand il s'agit de ce charmant produit. — Je demande pardon au sexe enchanteur, de le qualifier de produit et de le placer dans ma période après une épice. Il faudrait être bien malveillant pour trouver dans ce rapprochement, une pensée d'assimilation que rien ne saurait justifier. La plus belle moitié de notre espèce étant, en effet, pleine d'une douceur qui est le contraire du poivre.

Mais reprenons.

Votre médecin est-il rachitique et démoli, il vous expose que le commerce de la femme est extrêmement dangereux et qu'il ne faut s'y livrer qu'avec une extrême modération. Est-il au contraire vigoureux et rutilant, il vous démontre que sans un usage fréquent des relations sexuelles, l'homme est menacé de toutes sortes de maladies physiques et morales.

En ce qui concerne l'âge de l'activité, les mêmes contradictions se produisent. Le docteur vieux mais encore plein de virilité, vous dit qu'aucune règle ne peut être fixée à cet égard; il vous cite des vieillards nullement bibliques et tout à fait modernes, ayant engendré authentiquement et sans la cour des aides, des familles très nombreuses; des sexagénaires friands de jeune filles, enfin des septuagénaires condamnés en cour d'assises pour crime de viol.

Si le docteur consulté est depuis longtemps réduit à l'impuissance, il professe que passé l'âge qu'il détermine et qui est précisément celui qu'il a passé lui-même, il est d'obligation absolue pour l'homme prudent de renoncer aux voyages de Cythère, suivant l'expression consacrée par nos chansonniers.

A qui s'en rapporter ?

Il faut évidemment s'en rapporter aux voix de la nature et de la conscience qui parlent en nous et qui, pour ce qui touche à cette hygiène intime, en savent plus que les premiers docteurs du monde.

Rousseau a dit qu'il fallait se méfier d'un homme qui n'aime pas la musique; on peut certainement en dire autant de celui qui n'aime pas la femme. Et en effet, l'homme qui se prive des relations que la nature commande, à moins qu'il ne soit sincèrement mystique ou parfaitement infirme, arrive le plus souvent à s'en trouver fort mal.

Il devient généralement hargneux, maniaque, s'adonne aux chiens, au jeu et parfois hélas, à la bouteille. Il n'y a guère qu'une absorption puissante du travail qui peut le mettre à l'abri des dangers et des ridicules qui le menacent. On assure que Newton est mort vierge et a néanmoins passé sa vie dans une sérénité parfaite. Saint Antoine après ses fredaines a résisté à la tentation ; beaucoup de saints ses collègues ont fait comme lui ; mais tous les hommes ne sont pas des savants profonds et encore moins des saints, il s'en faut de beaucoup.

Encore une fois prenons l'homme pour ce qu'il est et non pas tel que le voudrait certaine conception sociale, apparemment contre nature, puisqu'elle est absolument irréalisable.

Voyez ce que deviennent les pauvres vieilles filles ! Je veux admettre qu'on les charge un peu. Mais il faut bien reconnaître qu'elles sont généralement acariâtres, grincheuses, acidulées, particulièrement jalouses et envieuses, adonnées aux chats et aux perroquets, babillardes et cancanières à l'excès et finalement insupportables. Cela n'est que trop vrai. Mais qu'on leur rende au moins cette justice ! Elles ne sont pour rien dans le triste état où elles gémissent. Le préjugé, plus fort que la plus puissante loi de la nature, les tient clouées sur leur banc de misère. Elles ne peuvent, les malheureuses, satisfaire leurs aspirations légitimes sans être déshonorées !

Pauvres ignorants que nous sommes ! Que diront de nous nos arrière-petits-neveux quand, après avoir réalisé l'harmonie des intérêts et la justice des rapports, ils liront dans l'histoire, que nous considérions comme déshonorée une fille qui faisait un enfant ! Déshonorée ! pour avoir rempli le devoir le plus saint de la femme, et dans l'accomplissement duquel elle risque sa vie ! Sans le formuler d'avance, on peut être certain que ce qu'ils diront ne sera pas flatteur pour nous, et que, s'ils ne nous traitent que de barbares, ce sera uniquement par respect pour la mémoire de leurs aïeux !

Tous les médecins, il faut le dire, ne nous laissent pas dans une telle incertitude sur la question en litige. Il en est quelques-uns qui méritent de figurer dans le dixième réservé au début de ce chapitre, et qui ne ramènent pas tous les humains à leur tempérament personnel.

L'un de ces derniers, reçut un jour la visite d'un octogénaire qui vint le consulter sur un cas singulier, et — on peut le dire sans blesser la corporation des octogénaires, — généralement rare à cet âge respectable. Il lui avoua, qu'il croyait un peu trop abuser de sa femme, et que sur les alarmes de celle-ci, qui redoutait pour sa santé les suites d'un exercice aussi fréquent, il désirait savoir ce qu'il en pensait.

Comment vous trouvez-vous de cette pratique, lui dit le docteur ? Ma foi, riposta le vieillard, si elle me nuit je ne m'en aperçois guère. Je mange bien, je digère à ravir et dors parfaitement. Et madame ? Madame est exactement dans le même cas que moi. Quelle âge a-t-elle ? Elle doit bien entrer dans sa 70me année. Fort bien ! Alors, mon cher client, je vous prescris formellement de ne rien changer à vos charmantes habitudes. Allez toujours ainsi tant que vous le pourrez. Je vous souhaite que ce soit pour longtemps encore, et permettez que j'ajoute à ma consultation mes bien sincères et bien vives félicitations.

Voilà qui est parlé, dit le vieillard, en se retirant, on avait bien raison de me le citer comme un fameux médecin !

Il aurait pu ajouter : Protagoras avait bien raison de professer que l'homme portait en lui la mesure de tout ce qui le concerne. Mais ce vert octogénaire, n'avait peut-être jamais entendu parler de Protagoras.

CHAPITRE VIII

Le père de famille. — Examen des choix pour son fils. — La femme honnête. — La cocotte plumeuse. — La jeune fille innocente — La jeune fille facile. — La femme de tout le monde.

Un père de famille qui comprend ses devoirs, a une mission délicate à remplir, quand la crise sexuelle arrive pour ses enfants.

A l'égard de la fille il y a peu de chose à faire, car quelle que soit son innocence, elle ne peut ignorer qu'elle est menacée de faire un enfant à sa première glissade. Comme chez la plupart des femmes, sa retenue, sa chasteté si l'on veut, est le produit de cette terrible peur de l'enfantement dans des conditions irrégulières et désespérées. Contrairement à ce qui se répète banalement, sa surveillance dans les classes où on peut l'exercer, ne présente aucune difficulté, et sauf quelques cas rares, elle s'y prête d'assez bonne grâce. Il en est même qui tiennent à ce que cette surveillance soit très apparente, pour que tout le monde s'en aperçoive bien, et qui refusent obstinément toute liberté qui leur serait donnée par un père placé au-dessus des préjugés régnants.

Mais pour le fils c'est une autre affaire.

Le fils, tel qu'il sort des bancs universitaires ou autres, est généralement un gaillard peu chaste et se souciant fort peu de l'être. Il raille même très agréablement ceux de ses camarades qui sur ce point manifestent des dispositions à pratiquer une certaine sagesse.

Il est à cet âge où les homélies, même les homélies d'un père, lui font à peu près l'effet d'un discours chinois. Or voici les différents déversoirs qui s'offrent aux bouillonnements de sa jeunesse.

1° Il peut être accaparé par une femme mûre friande de jeunes poulets.

2° Plumé par une cocotte enchanteresse.

2° Absorbé par l'amour d'une jeune fille.

4° Englué par une fillette facile.

5° Enfin, il peut aller, tout simplement, où va tout le monde avec son argent, à l'heure qui lui plait, sous la protection de M. le Maire.

Examinons succinctement la valeur de ces diverses éventualités et voyons laquelle offre le moins d'inconvénients, et doit par conséquent mériter la préférence.

Voyons d'abord la femme mûre.

Elle est veuve ou mariée, car le cas de la vieille fille est si rare qu'on peut le négliger. Elle a d'ailleurs ses chats et ses perroquets qui suffisent aux besoins de son cœur.

Veuve, elle est extrêmement exigeante et jalouse par ce qu'elle comprend que le trésor qu'elle détient n'est pas à sa place, et peut lui être ravi d'un moment à l'autre. Et puis elle est rarement seule au monde. Elle a des parents, elle est surveillée. Le petit bonhomme est souvent obligé de s'esquiver furtivement, et peut-être même de sauter par la fenêtre, exercice fort périlleux. Enfin il risque un beau jour, ou une belle nuit, d'être pris par un gardien farouche de l'honneur de la veuve et de recevoir à huis-clos une de ces mémorables raclées dont on garde longtemps le souvenir et les traces. Le lendemain, ladite raclée, cela va de soi, se trouve complétée par un scandale à grand orchestre, qui oblige le délinquant ou à se cacher ou à fuir, suivant le cas.

Si elle est mariée, il commet un acte abominable. Il va prendre à un homme ce qu'il a de plus cher, et pour y arriver il se met à ramper dans la trahison et le mensonge. Sans compter l'odieux, il a les mêmes perplexités, les mêmes angoisses, parfois burlesques, parfois terribles que dans le cas précédent. Seulement au lieu d'une simple raclée, il a la triste perspective de recevoir les éclats d'un revolver en pleine poitrine ou d'aller très prosaïquement en prison, réfléchir sur les dangers des relations illicites.

Si notre jeune pubère se laisse enlacer dans les filets d'une cocotte habile à plumer les naïfs, en jouant l'amour profond, le moindre mal qui puisse l'atteindre, c'est d'écorner son patrimoine et de se couvrir de ridicule. Tout le monde connait les perspectives lamentables et drôlatiques d'une pareille équipée. Il est inutile d'y insister.

Si, évitant la plumeuse, il rencontre uue charmante jeune fille pauvre qui réalise l'idéal de son âge, le péril n'en est pas moins grand. Le voici appréhendé par l'amour éthéré, pur, divin et entraîné vers des aventures dont les conséquences peuvent être terribles. Une pauvre fille perdue, une paternité précoce, deux familles désolées, une idylle qui sombre dans le drame.

Si notre adolescent court les fillettes faciles, il trébuche dans la prostitution clandestine la plus dangereuse au point de vue sanitaire, et risque d'engager sa vie dans une misère malsaine. Subsidiairement, il peut rencontrer là, des rivaux grossiers, ou des parents jouant l'indignation, disposés à lui faire payer cher un dommage imaginaire, pour lequel ils réclament réparation ou indemnité.

Reste le cinquième déversoir possible : la fille de tout le monde.

Celui-ci a tout d'abord pour avantage de n'avoir aucun des inconvénients signalés chez les autres. Il n'y a ici ni scandale à craindre, ni famille à désunir, ni jeune fille à perdre, ni fortune à compromettre. On y trouve en outre des garanties sanitaires, et une discrétion profonde pour peu qu'on y tienne. Qu'exiger de plus en pareille matière ? A moins de recourir aux pratiques malsaines d'un patriarche trop connu, il n'y a pas à chercher ailleurs la satisfaction d'un besoin irrésistible.

Le père de famille intelligent et moral, dans

le haut sens du mot, n'a donc pas à hésiter sur le choix des conseils à donner à son fils, à l'heure où il comprend qu'ils sont devenus nécessaires. Il doit lui montrer la maison et, s'il est assez fort d'esprit, l'y conduire et l'y recommander.

Les clabauderies d'une pudeur de contrebande, ne peuvent être prises au sérieux quand il s'agit pour un père, d'indiquer à son fils comment il peut subir les nécessités de la vie, avec le moindre mal possible.

CHAPITRE IX

Prostitués et prostituées. — L'un ne peut aller sans l'autre. — Le plus bas n'est pas toujours celui qu'on pense.

Abandonnons un instant le domaine du convenu et examinons un peu les choses du haut de la raison pure. Ce qu'on découvre de ce promontoire ne plait guère à la grande masse de notre espèce. Mais un brin de vérité vraie n'est peut-être pas déplacé au point où nous sommes parvenus.

Pour que la prostitution moristique s'accomplisse, il faut nécessairement l'association d'un homme et d'une femme. Mais si celle-ci commet un acte coupable, comment expliquer que l'autre n'en fait pas autant? Serait-ce par ce qu'il paie cet acte et que l'autre en reçoit le salaire? Mais dans quelle cervelle humaine trouvera-t-on que le payement d'un délit en atténue la responsabilité?

Voici un scélérat qui donne une somme à un malheureux pour qu'il l'aide dans l'accomplissement d'un meurtre; qui donc oserait soutenir que le premier n'est pas au moins aussi coupable que le second? N'est-on pas au contraire fondé à croire qu'il l'est plus?

Donc s'il y a une prostituée, il faut absolument qu'il y ait un prostitué, et que si la première encourt le mépris public, le second n'y échappe pas. Les deux complices doivent évidemment subir le même jugement.

Telle est la conclusion de la raison pure.

Mais l'homme étant le plus fort, et ayant par suite fait des lois et des mœurs à son avantage, se garde bien de souscrire à pareille conclusion. Il accepte volontiers le plaisir de la relation, mais il en rejette impitoyablement la honte sur la femme, et se met à mépriser celle qui ne réalise l'objet de son mépris, qu'à sa pressante sollicitation.

N'oublions pas que nous sommes dans les régions sereines de la raison pure, et disons tout simplement et par euphémisme que c'est une injustice criante.

Le préjugé est si fort, qu'il n'est pas rare de voir des esprits qui se prétendent avancés, travailler à perpétuer le malentendu qui règne sur ce point. On assiste alors à ce spectacle affligeant de plaisantins qui tout en pratiquant les mauvais lieux, prodiguent aux infortunées qui les peuplent, ces épithètes de mauvais goût dont ils méritent plus de la moitié. Eh malheureux ! Si elles sont infâmes comme tu le dis à tout propos, qu'es-tu donc toi qui suscites et entretiens leur infamie?

Mais ces femmes se prostituent au premier venu! Eh bien, toi singulier rhéteur, est-ce que tu ne te prostitues pas à la première venue? Où donc est la différence s'il te plaît? Et s'il y en a une, n'est-elle pas à ton désavantage, puisque c'est toi qui l'a mise là et qui la paie?

Quiconque a observé ces pauvres créatures, a pu remarquer qu'elles sont généralement disposées à prendre les allures de l'homme qui les fréquente. Est-il distingué, de formes polies et bienveillantes, elles acceptent avec bonheur les relations sur ce ton, et y répondent de leur mieux. Quelques unes prennent alors sans effort, les manières de femmes bien élevées, et vous donnent un instant l'illusion d'une rencontre dans un salon de bonne compagnie.

Ont-elles affaire à un goujat qui se plaît aux sales propos et aux façons grossières, quelques rares délicates en souffrent, mais le plus grand nombre se mettent à l'unisson. Malheureusement les goujats sont plus nombreux qu'on ne pense, même dans les classes dites élevées. Beaucoup d'hommes vont là, non seulement pour satisfaire

4

un pressant besoin de la nature, mais encore pour se livrer à des excentricités honteuses dans un lieu où leur animalité n'a pas à se gêner. Ce sont eux qui sont les premiers auteurs de la débauche et malgré le prestige qu'ils retrouvent au dehors, ils ne valent pas mieux que leurs victimes. Ils doivent au fond le sentir, car le dédain dont ils accablent les malheureuses femmes, ne peut s'expliquer que par le secret désir de racheter leurs vilenies. Ils rappellent en cela ces vieux soudards du moyen âge qui, pour faire pardonner leurs méfaits, se mettaient tranquillement à brûler des juifs.

On ne risque pas de se tromper en affirmant que la plupart des flétrisseurs bruyants de la prostitution, sont d'odieux hypocrites qui veulent donner le change sur leur conduite privée et sur leurs véritables sentiments.

O pauvres humains, quand donc vous déciderez-vous à être seulement sincères? Si vous méprisez tant vos complices, il faut donc vous mépriser vous-mêmes. Vous n'en voulez pas sans doute? Eh bien alors, à la place du mépris, mettez donc de l'indulgence pour vous et de la compassion pour les autres.

C'est la seule transaction honorable et juste.

CHAPITRE X

Le droit de l'autorité. — La loi et la conscience. — La santé publique est une question de salut public. — La surveillance est un devoir.

Nous voici parvenus au point délicat de la question, et comme dirait un poète, souvent battu par les flots de la controverse.

Pour le traiter en philosophe, il nous faut rappeler quelques principes que personne ne peut contester, mais que plusieurs sont disposés à méconnaître pour suivre la pente du sentiment.

Le sentiment est certes très précieux là ou la raison n'a pas de prise, mais dans le domaine de celle-ci, il faut le prier de se taire.

Commençons par le commencement, ce qui au dire de tous les logiciens est la meilleure manière de procéder.

Dans une Société bien ordonnée, il est clair que chaque citoyen doit respect et soumission à la loi, mais ce devoir accompli, il est tout aussi clair, qu'il est libre de faire tout ce que la dite loi ne défend pas.

Chez un peuple où la souveraineté réside là où elle est naturellement, c'est-à-dire dans l'universalité des citoyens, et où par conséquent la loi représente la volonté du plus grand nombre, il n'est pas de définition plus juste de la liberté.

Ce grand mot autour duquel se disent tant de belles choses et aussi tant de sottises, se trouve, dans ces conditions, obtenir enfin une définition précise et à la portée de tout le monde. La liberté est donc tout simplement, la faculté de faire tout ce qui n'est pas défendu par la loi.

Cette loi étant nécessairement progressive, la liberté s'étend avec elle et atteint, avec le temps, les dernières limites qui lui sont fixées par la nature même.

Ainsi, là ou la loi a parlé, je n'ai plus qu'à me taire et à obéir, mais là ou elle ne dit rien, je fais ce qui me plaît et personne n'a le droit de s'en mêler.

Tel est le point de départ de tout contrat social conforme au Postulat de justice qui est en nous.

Maintenant quand la loi se tait, est-ce que plus rien ne parle en moi pour me limiter encore?

Sans contredit : Quand la loi se tait, une autre voix non moins autorisée la remplace ; la voix de la conscience.

Donc où finit la loi, commence la conscience, et l'autorité n'a rien à y voir.

Cette conscience accepte telles ou telles croyances religieuses ou philosophiques, qui déterminent tels ou tels actes ; cela ne regarde personne si personne n'en est incommodé. Le pouvoir qui méconnaîtrait ce principe serait sûr de faire éclater la machine humaine et de périr sous ses débris.

Aussi tout individu, quand il a clos ses quatre murs, a le droit imprescriptible de faire seul ou avec son semblable, tout ce qui lui plaît, pourvu qu'il ne trouble pas son voisin et qu'il ne compromette en aucune manière la chose publique.

Dans ces limites étroites et dans ces conditions, il ne relève que du juge qu'il porte en lui. Cela est de la dernière évidence.

Mais supposez que ce même individu, seul ou avec son semblable, fabrique un poison dont les émanations compromettent la santé publique. L'autorité n'a-t-elle pas ici le droit et le devoir d'intervenir pour surveiller cette fabrication, — dans le cas ou il lui est impossible de l'interdire — et de la soumettre à une réglementation spéciale qui réduise au minimum ses effets malfaisants ?

Voyons. N'est-il pas incontestable qu'un des impérieux soucis de l'autorité doit être la santé publique, première richesse des nations ? Est-ce que ce souci ne vaut pas celui de la sécurité publique auquel il est d'ailleurs étroitement lié ?

Quand un navire arrive du dehors menaçant de communiquer une maladie dangereuse, est-ce qu'on ne le met pas en quarantaine ? Quand une ville a la peste, est-ce qu'on ne trace pas autour d'elle un cordon sanitaire que ses habitants ne peuvent franchir ? Quelqu'un doué de sens s'est-il jamais avisé de blâmer ces mesures salutaires malgré leurs rigueurs ? Et pourtant n'est-il pas excessif d'empêcher un navire d'entrer dans son port, et un citoyen de sortir de sa ville quand bon lui plaît ? Assurément la mesure est violente. Il faut cependant qu'il en soit ainsi parce que, pour qu'une Société puisse tenir debout, il est indispensable que le droit individuel cède le pas au droit collectif.

Mais revenons au cas particulier que nous avons en vue.

Une femme a certainement le droit de faire chez elle, porte close, tout ce qui lui plaît. Elle peut recevoir un homme, deux hommes, tant d'hommes qu'elle voudra, sans que personne, la loi en main, ait à la reprendre, si ce commerce n'offre aucun danger pour le dehors.

Supposons que la maladie que la femme peut communiquer soit inconnue, il est évident que ce qui se passe là, échappe à tout contrôle et que s'en mêler serait violer le sanctuaire de la conscience et tomber dans le plus odieux des despotismes. Car, remarquez-le bien, sous prétexte de ne vous occuper que de cela, vous en viendriez forcément à vous occuper de tout et la vie sociale deviendrait absolument intolérable.

Malheureusement, on ne le sait que trop, le

commerce de la femme dans ces conditions, peut compromettre la santé publique. Dès lors, le devoir de l'autorité, dont une des préoccupations essentielles doit être la garde de cette santé, est d'intervenir pour atténuer autant que possible le danger qui menace celle-ci.

Le commerce dont il s'agit ne pouvant être interdit pour des motifs que tout le monde comprend, il devient urgent de le soumettre à une surveillance attentive et surtout préventive, dans l'intérêt de tous.

Je ne crois pas possible de contester sérieusement ce point de départ, à moins de répudier tout contrat social et de retourner dans les bois et les cavernes comme nos aïeux préhistoriques.

CHAPITRE XI

Conditions de la surveillance. — Bienveillante et efficace. — Impuissance et inconvénients de la police proprement dite. — Son remplacement par le bureau de prévoyance.

La surveillance du commerce sexuel violant la première des libertés de l'être humain, ne peut s'exercer qu'avec les plus grands ménagements, et en ne se préoccupant uniquement que du grand but qui la justifie : la réduction et peu à peu l'extinction du mal contagieux.

Une mission aussi délicate et aussi importante ne peut être remplie que par des hommes extrêmement honorables et placés dans une situation qui inspire une juste confiance. C'est une mission toute de dévouement et dont la récompense ne peut se trouver que dans la satisfaction d'un devoir accompli, c'est-à-dire dans un plaisir de conscience.

La police proprement dite, sans méconnaître en rien les services qu'elle rend, est évidemment impropre à remplir cette mission.

L'agent accoutumé à appréhender au collet des malfaiteurs et souvent à lutter avec des réfractaires de la pire espèce, ne peut manquer d'apporter dans ses relations répressives, une sévérité, une rudesse, qui sont au moins déplacées à l'égard de pauvres filles qui ne disposent d'aucuns moyens sérieux de résistance.

Sans parler de certaines mesures qui, à Paris surtout, ont souvent révolté la conscience publique, je ne puis résister au désir de rappeler au moins deux faits qui se sont passés à ma connaissance et qui me paraissent caractéristiques.

Il me souvient d'avoir vu sous le règne d'un

commissaire central farouche et qui d'ailleurs a très mal fini, une fille dite soumise, mais qui vraisemblablement ne l'était guère, traverser en plein jour les rues d'une ville, menottes aux mains et conduite ainsi au bureau de ce terrible gardien des bonnes mœurs.

Une autre fois j'ai pu surprendre ce même commissaire, descendant à un rôle qui n'était pas le sien, traverser les carrefours d'un quartier réservé et apostropher avec une crudité rare, celles de ses administrées qui osaient prendre l'air à leurs fenêtres. Sa grande satisfaction était évidemment de faire trembler, au son de sa terrible voix, les malheureuses qui se trouvaient sur son passage, en les criblant de ces apostrophes spéciales aux habitants du quartier. On aurait même dit qu'il visait à faire mieux ; et je crois bien qu'il y réussissait.

Mais ces petits faits et leurs pareils sont bien peu de chose à côté de ce qui se passe dans l'ombre et le mystère, loin de tout contrôle.

5

Sans entrer dans des détails qui pourraient ressembler à des récriminations auxquelles je ne songe guère, tout le monde comprend qu'une surveillance exercée dans ces conditions, doit engendrer beaucoup d'actes arbitraires et irritants.

A la police des mœurs il faut donc substituer une agence d'un tout autre caractère. On pourrait l'appeler bureau de prévoyance, ou de tout autre manière, car le nom importe peu, pourvu que le but soit atteint. Comme le bureau de bienfaisance auquel il devrait être annexé, ses membres seraient choisis parmi les citoyens les plus recommandables et comprenant la délicatesse et l'importance de leur mission. Des esprits plus généreux que pratiques, rêvent une institution ayant pour but de soigner les scélérats comme des malades et de les rendre un jour utiles à la société dont ils ont été l'effroi. Combien serait plus facile et plus intéressante l'œuvre de l'institution dont il s'agit! Car les sujets dont elle aurait le souci seraient loin d'avoir assassiné père et mère et ne ressembleraient guère à ces sortes de fauves humains sur lesquels les plus ingénieux traitements risquent d'être sans effet.

CHAPITRE XII

Rôle du bureau de prévoyance. — Visites sanitaires. — Caisse de secours. — Encouragements à l'heure psychologique. — Établissements et mariages,

Le bureau de prévoyance aurait deux missions principales à remplir : Poursuivre méthodiquement l'extinction graduelle de la maladie contagieuse et exercer un patronage bienveillant, charitable et moralisateur sur les malheureuses confiées à sa sollicitude.

Chaque membre du bureau devrait être par conséquent doublé d'un médecin spécialement choisi pour cet objet.

Pour que les visites sanitaires fussent efficaces, il faudrait, contrairement à ce qui se pratique, en admettre de trois sortes : individuelles à domicile, — en petit nombre à la fois chez le médecin, — enfin communes et aux mêmes heures dans un local particulier.

Dans cette catégorie de créatures, il y a, comme partout, une certaine classification dont il faut tenir compte dans la pratique, pour faciliter le résultat qu'on poursuit.

Parmi les filles vouées à la prostitution, il en est qui ne voudraient jamais se rendre à jour fixe chez le médecin, d'autres qui, acceptant d'aller chez ce dernier, se refuseraient obstinément à se montrer dans un local commun; confondues avec d'autres filles qu'elles considèrent comme au-dessous d'elles. Celui qui s'en étonnerait, montrerait par là qu'il connaît bien peu notre espèce, particulièrement dans ses représentants féminins.

On peut bien tenter de passer sur toutes ces pécheresses l'inflexible niveau égalitaire avec des peines appropriées, mais comme ces peines ne peuvent manquer d'être assez légères et qu'on ne peut d'ailleurs sans iniquité en formuler de très sévères, elles resteront comme bien d'autres sans effet sensible.

C'est d'ailleurs ce qu'il est aisé de constater quand on suit pendant quelque temps le fonctionnement des visites sanitaires. Ces visites ne se font d'une manière régulière que pour les filles de maisons ou pour celles qui sont parquées dans des quartiers réservés. Pour les autres il n'en est pas de même, et c'est de ce côté que l'ennemi morbide est le plus dangereux. En ce qui concerne celles-ci, il faut donc renoncer au niveau égalitaire, et songer au contraire à établir des distinctions. Les principes sont de fort belles choses, mais le premier de tous est celui qui consiste, en toutes circonstances, à se préoccuper d'abord de ce qui est profitable au plus grand nombre.

La visite à domicile devrait être de droit, et il suffirait qu'une fille inscrite en fît la demande pour qu'elle lui fut accordée. Il va sans dire qu'elle serait payée au médecin comme une visite ordinaire à ses malades, suivant un tarif fixé. Il en serait de même, bien entendu, pour les deux autres modes de visites mais à des prix plus doux naturellement.

Les membres du bureau de prévoyance devraient se maintenir en relations bienveillantes avec leurs administrées, s'occuper d'elles comme de malheureuses qui ont besoin d'assistance et de conseils, organiser entre elles une caisse de secours, pour leur venir en aide en cas de maladies et surtout pour les aider, quand sonne l'heure psychologique, à sortir de leurs tristes conditions. soit en se mariant, soit en se créant quelques petites industries capables de les faire vivre honorablement.

Il peut paraître tout d'abord singulier de penser à marier des filles qui manquent absolument de cet agrément que M. Dumas appelle un capital, et qui est généralement recherché dans les unions correctes. Quels hommes, diront les naïfs, pourraient se décider à les épouser ? Mais tout simplement ceux qui s'en rendent amoureux, et qui dans cet état pathologique, rêvent de les soustraire au commerce public afin de s'en réserver la propriété exclusive. Mais la morale! mais le respect humain! mais ceci, mais cela, diront les gens à l'ébahissement facile! Eh ! braves gens, est-ce que l'amour pathologique dont je vous parle s'est jamais avisé de ces choses-là ? Et puis franchement de quel droit, homme austère, vous mêlez-vous du choix que votre voisin fait de sa femme? Occupez-vous de la vôtre et laissez-le tranquille.

Les exemples de ces sortes de mariage sont plus fréquents qu'on ne pense, malgré les conditions actuelles qui leur sont très défavorables. Et, chose singulière aux yeux des moralistes du convenu, c'est qu'une fois mariées, ces femmes deviennent généralement d'une conduite régulière, font le bonheur de leurs époux et élèvent leurs enfants, particulièrement leurs filles, dans des principes extrêmement sévères.

Il en est même, et j'ai eu la bonne fortune d'en connaître quelques-unes de ce genre, qui parties de ces bas-fonds de l'égarement, se sont élevées, soutenues par l'amour d'un homme distingué, aux plus hautes positions sociales et y ont tenu leur rang avec une convenance et une dignité qui frappaient tout le monde, mais plus particulièrement ceux qui les avaient connues autrefois.

D'autres qui malgré leurs débordements, se trouvant posséder un certain esprit d'ordre et d'économie, ont entrepris un petit commerce et ont fini par se créer ainsi une position honorable et indépendante.

Si des faits de cette nature peuvent se produire, quand tout conspire à les empêcher, combien ne seraient-ils pas plus fréquents si une institution bienfaisante se proposait de les encourager et d'en faciliter la réalisation.

On voit parfois un sacripant, après avoir roulé sa jeunesse dans l'orgie et avoir accompli tous les méfaits que la loi ne punit pas et qui sont souvent aussi graves que ceux qu'elle atteint, se transformer un beau jour, devenir un excellent père de famille et un citoyen très recommandable. C'est alors ce qui s'appelle un mauvais sujet qui s'est rangé et tout le monde applaudit à sa conversion. Pourquoi refuser à la mauvaise *sujette* ce qu'on accorde sans effort au mauvais *sujet* ? Pourquoi favoriser l'un et ne pas favoriser l'autre dans la poursuite d'une réhabilitation si louable ?

L'homme, en pareil cas, se trouve générale ment aidé par l'influence salutaire de ses parents, de ses amis, mais la femme repoussée des siens et ployée sous le mépris public, ne rencontre nulle part ce secours libérateur.

La justice demande qu'il soit constamment à sa portée, et même mieux, qu'il ne cesse de s'offrir à elle. C'est précisément ce rôle bienveillant et sauveur que nous voudrions voir exercer, avec beaucoup d'autres, par l'institution du bureau de prévoyance.

L'autorité croit bien faire en rendant l'accès de la prostitution difficile à certaines catégories de jeunes filles qui y sont fatalement condamnées. Ainsi les mineures n'y sont pas admises, et, chose moins facile à expliquer, dans certaines villes, celles qui ont leur famille dans le pays, ne peuvent s'y faire inscrire.

Les conséquences de ces mesures restrictives sont aisées à prévoir. Les malheureuses repoussées de la prostitution surveillée, se livrent tout simplement à la prostitution clandestine, très dangereuse pour la santé publique et en même temps très gênante pour la police, qu'elle entraîne à des actes arbitraires et parfois violents.

Le bureau de prévoyance complétement affranchi du convenu officiel et de l'hypocrisie courante, se garderait bien de perpétuer de pareils errements. Avant tout, soucieux de la santé publique, il n'imposerait pas de mesures restrictives à l'entrée de la prostitution régulière, et, dans l'impossibilité reconnue d'empêcher la prostitution clandestine, prendrait le sage parti de l'accepter et de lui faire une place à part.

CHAPITRE XIII

La prostitution clandestine. — Ses éléments et ses dangers. — Un contrôle discret, seul possible. — A tout péché miséricorde.

Vous donnez à une jeune ouvrière 25 sous par jour pour vivre et s'entretenir. Elle reconnaît assez vite que le problême est insoluble. L'attraction sexuelle venant en aide à la misère, elle prend un amant pour l'aider à résoudre le terrible problême.

Ce premier amant est en général un drôle qui la plante là pour aller recommencer ailleurs. La pauvre enfant alors en prend un second, puis un troisième et finalement se trouve amenée, par une pente fatale, à en prendre plusieurs et même à les renouveler au hasard des rencontres.

Toute retenue s'étant ainsi peu à peu envolée, elle se trouve un beau jour exercer la prostitution clandestine.

Elle sent bien l'irrégularité de sa situation, et au fond elle ne demanderait pas mieux que de la faire cesser, mais la police des mœurs lui donne le frisson et elle aime mieux continuer ainsi au petit bonheur.

Cette infortunée devient bientôt malade et ne reste pas longtemps à empester sa clientèle.

A côté de la jeune ouvrière condamnée à mourir de faim dans nos conditions économiques, mettez une pauvre veuve ou tout autre pauvre femme, même mariée, et vous aurez les types habituels de la prostitution clandestine.

Cette prostitution n'est pas sans analogie avec la pauvreté honteuse qui se cache et qu'il faut péniblement rechercher pour arriver à la soulager. La police ordinaire est impuissante à connaître et à surveiller efficacement ce genre de prostitution. Sans doute elle peut prendre contre elle les mesures les plus énergiques, mais comme ces mesures seront en même temps très arbitraires, elles n'arriveront qu'à faire du scandale et à provoquer l'indignation publique.

Le bureau de prévoyance tel que je le conçois, peut seul intervenir ici d'une manière efficace. Il recherche les malheureuses, avec ce sentiment de compassion qui pousse les hommes dévoués vers les misères qui ont besoin de soulagement. Au lieu d'effrayer les clandestines par des menaces, il leur fait comprendre le bénéfice d'une surveillance discrète ; santé garantie et paix avec l'autorité. Quel est celle qui, préparée avec ménagement, n'accepterait pas un contrôle bienveillant présentant ces avantages ? Il y a lieu d'espérer que toutes se feraient inscrire sans difficulté sur un registre que les membres seuls du bureau pourraient ouvrir et qui, de bêtes traquées par des limiers, les transformeraient en femmes libres et protégées.

La grande affaire, il faut le rappeler sans cesse, n'est pas d'empêcher la prostitution, ce qui d'ailleurs est absolument impossible et produirait les plus grands désordres, mais seulement de la rendre aussi inoffensive que possible pour la santé publique. Il convient donc que la porte d'entrée de cette inévitable institution ne soit pas maladroitement entravée, mais il faut en même temps, que la porte de sortie se présente à tout instant largement ouverte. C'est à quoi le bureau de prévoyance veillerait avec une attention particulière.

En un mot le bureau de prévoyance n'oppose aucune difficulté aux filles qui veulent entrer en prostitution, mais en même temps il aide et encourage par tous les moyens dont il dispose, celles qui manifestent l'intention de s'en affranchir. La caisse de secours qu'il administre, vient alors en aide aux bonnes dispositions et sert de puissant auxiliaire à ses conseils. Car, il faut bien le reconnaître, en pareil cas, les conseils sans argent sont parfaitement stériles. Cet argent, judicieusement employé, pourrait rendre à la société quelques bonnes mères de famille perdues pour elle.

A tout péché miséricorde, dit la sagesse des nations ; c'est le cas ou jamais de l'invoquer ici.

CHAPITRE XIV

Égarements de la police. — Un spécimen des arrêts qu'elle applique. — Violation flagrante de notre droit public.

Dans une société qui n'est pas encore sortie du régime de la contrainte et qui en a encore pour longtemps, les moyens coercitifs, sagement appliqués, sont indispensables pour assurer l'exécution de certaines mesures d'intérêt public.

Si le bureau de prévoyance n'avait à sa disposition que la douceur et la mansuétude, il est grandement probable qu'il ne serait pas toujours obéi. Il est donc nécessaire que sa force morale soit doublée d'une solide force physique,

Cette force physique lui est naturellement procurée par la police et une intelligente réglementation.

Le bureau de prévoyance après avoir épuisé l'influence dont il dispose, doit donc au besoin pouvoir réquérir une action plus énergique et plus efficace. Seulement son rôle doit consister à la rendre aussi peu nécessaire que possible et à ne l'utiliser qu'à titre de menace et d'intimidation.

Une réglementation est donc ici inévitable, mais à la condition qu'elle soit resserrée dans les limites fixées par la loi elle-même et qu'elle soit par conséquent affranchie de tout arbitraire.

Un maire a certainement le droit de promulguer une foule d'arrêtés, mais à la condition expresse qu'ils ne soient pas en opposition formelle avec les principes essentiels du contrat social.

Or, en l'état présent, cette condition est le

plus souvent méconnue de la manière la plus audacieuse.

J'ouvre au hasard un des nombreux arrêtés municipaux qui concernent la police des mœurs et j'y trouve les prescriptions que voici :

Article Premier

Il est défendu aux filles publiques :

1° De sortir de leurs domiciles après dix heures du soir.

2° De se présenter sur les promenades, de s'arrêter dans les rues ou sur les places publiques, ou de les parcourir dans un costume capable d'attirer l'attention.

3° De s'arrêter au passage des convois funèbres ;

4° D'adresser la parole aux passants ;

5° De se tenir sur le devant de leurs portes ;

6° De tenir des propos obscènes.

7° D'appeler les hommes chez elles, même par signes.

8° De se montrer en public en état d'ivresse.

9° De se présenter devant les casernes et les corps de garde, d'accoster les militaires ou de les recevoir chez elles après l'heure de la retraite.

ARTICLE 2.

Les filles publiques qui contreviendraient aux dispositions contenues dans l'article précédent, ou qui se conduiraient de manière à occasionner quelques désordres, seront immédiatement arrêtées et déférées, s'il y a lieu, aux tribunaux ou au moins retenues au dépôt de sûreté à titre de correction.

ARTICLE 3.

Les filles publiques devront toujours être nanties de leurs cartes et les montrer à toute réquisition.

ARTICLE 4.

Toute fille qui sera prise nantie de la carte

d'une autre, subira au dépôt de sûreté, une consigne du nombre de jours que l'administration jugera nécessaire à raison du motif qui l'aura fait agir.

ARTICLE 5.

Les filles publiques seront tenues, à chaque changement de domicile, d'en faire la déclaration au bureau des mœurs dans les 24 heures. Cette disposition est obligatoire même pour les filles jouissant d'une suspension de visite sanitaire.

Les rues aboutissant aux établissements publics, sont interdites aux filles publiques ains que la fréquentation de ces établissements.

Il n'est pas difficile de montrer ce que cet arrêté, qui peut être pris pour type de l'espèce, renferme de prescriptions, non seulement contraires à la loi mais encore absolument impraticables.

CHAPITRE XV

Curiosités de l'arrêté précité. — Condamnations arbitraires à la prison. — Prescriptions impraticables. — Claustration perpétuelle. — Un scandale positif qui a peur d'un scandale douteux.

L'article premier du remarquable arrêté qu'on vient de lire, défend aux filles soumises « de sortir de leurs domiciles après dix heures du soir, » il leur interdit également « de se présenter sur les promenades, de s'arrêter dans les rues, sur les places publiques et de stationner sur le devant de leurs portes. »

Voyons un peu.

Si une fille ne peut sortir de chez elle après dix heures du soir, cela veut dire, je crois, qu'elle ne peut se promener au dehors pendant la nuit; maintenant si quand le soleil éclaire tout le monde, elle ne peut ni se présenter, ni stationner nulle part, ni même prendre l'air sur sa porte, il me semble bien que cela signifie qu'elle ne peut sortir dans le jour.

Or si elle ne peut sortir ni le jour ni la nuit, il eut été plus simple d'édicter tout bonnement, qu'elle était condamnée à rester constamment en prison dans sa chambre.

Ramenée à ces termes véridiques mais extrêmement tyranniques, la mesure eût paru un peu forte et par trop contraire aux fameux principes de 89, particulièrement à celui qui consacre le droit qu'a tout citoyen d'aller et de venir suivant ses besoins ou sa fantaisie. Il est vrai qu'il n'est pas question de citoyenne, mais tout le monde tombe d'accord que dans cet article, nos illustres pères ont entendu parler de la femme aussi bien que de l'homme.

Ainsi voici une première prescription de cet arrêté, qui, s'il était rigoureusement appliqué, violerait un des principes les plus sacrés de la liberté humaine et condamnerait à la prison perpétuelle une pauvre fille innocente de tout délit.

Mais continuons.

« Il est défendu aux filles inscrites de s'arrêter au passage d'un convoi funèbre. » Bien ! mais si elles en font partie et que ledit convoi s'arrête lui-même, comment diable pourraient-elles éviter la contravention ? Le législateur municipal a oublié d'ajouter à sa prescription un complément indispensable que voici :

Il est de plus interdit aux filles susdites d'accompagner à leur dernière demeure ni parents, ni amis, ni qui que ce soit ressemblant à un chrétien.

Mais pourquoi s'arrêter en si joli chemin et ne pas ajouter : Il est de plus expressément défendu à ces dames d'entrer dans une église et d'assister à aucune cérémonie religieuse. A plus forte raison de s'approcher d'un confessionnal et de rechercher une absolution qui leur permettrait d'avoir un jour leur place en paradis, comme il advint à sainte Madeleine, la plus sympathique des saintes, précisément parce qu'après avoir commencé fort mal, elle eut le bon esprit de finir fort bien.

Il leur est encore interdit : « D'adresser la parole aux passants. » De plus fort en plus fort. Comment! Quand elles rencontrent une personne de leurs connaissances, elles ne peuvent pas lui dire : Bonjour un tel, comment vous portez vous ? Encore une contravention pour ça !

Pends-toi, Denys de Syracuse, tu n'y avais pas songé !

Défendu aussi « de tenir des propos obscènes et d'appeler les hommes chez elles même par signes. »

Oh ici, nous sommes parfaitement d'accord. Seulement c'est là une superfluité au moins naïve. Sans avoir fait son droit personne n'ignore, en effet, qu'une femme quelconque, serait-elle une très grande dame, ne peut adresser des propos obscènes à un passant et l'appeler chez elle avec des signes qui ne le sont pas moins. Mais pourquoi ne pas ajouter encore, qu'il leur est également interdit d'assommer le dit passant et de lui voler sa bourse? O entraînement de la réglementation voilà bien de tes coups !

« Defendu encore de se montrer en public en état d'ivresse ! » Mais mon honorable édile, cela n'est pas plus permis à vous qu'à moi ou à tout autre. Il y a une loi qui prévoit le cas et comme elle s'applique à tout le monde, il faut avoir bien envie de réglementer, pour lui donner une affectation spéciale à la fille inscrite.

« Defendu encore de se présenter dans les casernes et les corps de garde. » Ah ça, mais, est-ce que la consigne militaire ne l'a pas déjà suffisamment prévu ? Quel est le Dumanet qui ne sait d'avance, que cette infraction est rigoureusement interdite et qu'elle entraînerait pour le délinquant un *bloc* des plus sévères ? « Il est encore defendu aux dites filles d'accoster les militaires ou de les recevoir chez elles après l'heure de la retraite. »

Cette sollicitude pour les militaires est vraiment singulière ! Comment pourraient-elles les accoster, puisqu'il leur est déjà interdit d'accoster un passant quelconque ? A ce compte un militaire serait un passant différent des autres et réclamant une prescription spéciale, à cause de sa faiblesse et de sa candeur ?

Il y a de quoi se perdre en conjectures.

Ne pas recevoir les militaires après la retraite, quand ceux-ci veulent se faire recevoir, me paraît une exigence grosse de difficultés. Il aurait fallu dire, ici, par quels moyens la pauvre créature pourrait s'y prendre pour empêcher les dits militaires d'entrer chez elle, quand ils le veulent absolument. Par la persuasion ou par la force ? Ni l'un ni l'autre de ces deux procédés ne sont à la disposition de la pécheresse. La rhétorique lui est peu connue, et quant à la force dont son bras est armé, elle est bien peu de chose devant celle d'un robuste troubadour empriapé.

Le dernier article se termine par un paragraphe qui est un agréable couronnement de tout ce qui vient d'être dit.

« Les filles publiques ne peuvent fréquenter les établissements publics ainsi que les rues qui y conduisent. » Or, comme dans une ville il y a peu de rues où ne se trouve un établissement public, et que, d'autre part, il leur est interdit de se présenter dans une promenade quelconque, il en résulte bien clairement qu'il leur est de nouveau défendu de mettre le pied hors de chez elles, et de se montrer nulle part. C'était bien assez d'une fois.

Pour les infractions commises à ce remarquable règlement, elles sont menacées, en premier lieu, d'être déférées aux tribunaux; en second lieu, d'être enfermées au dépôt de sûreté, le nombre de jours que l'administration jugera nécessaire.

La citation devant les tribunaux ne m'émeut guère, les juges ayant généralement souci de leur dignité et du respect des lois ; mais je ne cache pas que l'intervention de l'administration dans la fixation d'un certain nombre de jours de prison, sans aucune formalité tutélaire, me plonge dans une grande inquiétude. Il y a évidemment là une porte trop ouverte à un arbitraire sans limite, que la conscience réprouve et qui n'est plus de notre temps.

Un règlement pareil, il faut le reconnaître, viole les droits les plus sacrés de l'espèce humaine, et, à moins de déclarer formellement qu'une fille inscrite n'en fait pas partie, il me paraît difficile de le justifier.

Pour oser l'appliquer dans toute sa rigueur, il faudrait évidemment commencer par établir qu'une fille, par le seul fait de son inscription, est hors la loi et qu'elle ne peut en invoquer la protection. Or, c'est ce qu'il me paraît fort difficile d'obtenir. Car, enfin, nous ne sommes plus au temps où les ribaudes étaient, à certains moments, traquées comme des juifs, pendues, noyées et même brûlées sur un signe de l'autorité régnante, et ce temps n'est pas prêt de revenir.

Ces précautions excessives prises pour éviter qu'une fille inscrite souille de sa présence les rues d'une ville, feraient supposer qu'il ne s'y passe rien que de très correct. Or, dans lesdites rues, on est coudoyé par des ivrognes qui, tout en titubant, braillant et se boxant, lancent aux oreilles des passants la fine fleur de leur argot épicé ; des gens fort mal appris qui, sous prétexte de satisfaire un besoin légitime, étalent au biais d'une plaque municipale, ce que la pudeur la plus élémentaire empêche de nommer, et surtout de montrer. On y rencontre encore des chiens se livrant à des ébats scandaleux avec cette effronterie tapageuse et provocante qui leur est propre ; des enfants déposant sur le bord des trottoirs, sous l'œil bienveillant de leurs mères, ce qui serait mieux placé dans un vase clos ; on y voit encore... mais que n'y voit-on pas dont l'œil et l'odorat ne puissent être blessés ? Et c'est pour ne pas compromettre cette pudeur et cette retenue de haut goût qu'il est interdit, sous les peines les plus sévères, à la pécheresse qui nous occupe, de passer dans la rue et de s'y arrêter un moment ?

On se demande avec étonnement quel scandale elle pourrait bien ajouter à ceux que nos mœurs barbaresques y développent déjà.

Vraiment, tout cela n'est pas sérieux, mais à coup sûr est parfaitement inique.

CHAPITRE XVI

Principes d'une réglementation. — But exclusif : la santé publique. — Point de départ : une bonne loi spéciale.

Une sage réglementation de la prostitution ne peut avoir d'autre objet que la santé publique. C'est ce qu'il ne faut se lasser de répéter. Toute autre visée ne saurait justifier l'intervention de l'autorité dans une matière qui touche à la vie privée. En ce qui concerne l'ivresse et le désordre dans la rue, il saute aux yeux qu'il n'est pas besoin d'en faire une défense spéciale pour les filles inscrites. On irait loin avec cette manie de répéter les prohibitions légales pour chaque catégorie de citoyens. Un jour, viendrait un arrêté défendant aux militaires de se promener ivres dans les rues ; un autre jour, il s'agirait des avocats, puis des médecins, des bouchers, des tailleurs, des modistes, que sais-je ? Toute la nomenclature professionnelle y passerait et nos codes n'auraient plus de limites. Qui ne comprend que la loi s'applique à tout le monde, puisque tous les citoyens sont égaux devant elle ? Il est clair qu'une prescription légale interdisant l'ivresse et le scandale dans la rue, vise tout aussi bien une fille inscrite que la plus respectable des mères de famille.

La seule infraction dont il soit permis de s'occuper est donc celle qui touche à la visite sanitaire. Le reste est de droit commun et est déjà prévu et réglé avec tout le luxe désirable. Il faut donc armer le bureau de prévoyance d'une juridiction qui, après l'épuisement de son influence bienveillante, lui permette d'appliquer l'amende et la prison. Mais, pour cela, il faut une loi spéciale, car le droit de punir ne peut être conféré que par le pouvoir législatif.

Il n'entre pas dans mon cadre de formuler les articles de cette loi ; mais une fois d'accord sur les principes, ce travail ne présente aucune difficulté.

Je tiens pourtant à signaler au législateur qui s'en chargera, deux points qui me paraissent essentiels.

En dehors de la pénalité qui doit frapper la désobéissance aux visites sanitaires, il en faut une atteignant la transmission de la maladie, aussi bien chez l'homme que chez la femme. Car enfin, dans ce commerce, les apports malsains se balancent des deux côtés, et la justice veut que la responsabilité soit la même pour les deux contractants.

Je reconnais que, pour l'homme, la constatation du délit pathologique n'est pas chose facile ; mais est-ce une raison pour que la loi l'absolve par son silence? Évidemment non, car, à ce compte, il faudrait déplumer notre code criminel de bon nombre d'articles auxquels il tient beaucoup.

Quant à la preuve du délit, on l'aura quand on pourra; mais alors on punira le coupable, bien qu'il soit barbu et qu'il se croit, sur ce point, tout permis.

En résumé, la loi mise à la disposition du bureau de prévoyance, doit se préoccuper uniquement de la santé publique, et punir avec une égale sévérité ceux qui la compromettent, sans distinction de sexe.

C'est de la justice élémentaire.

CHAPITRE XVII

De quelques mesures sanitaires. — Exploitation des filles de maison. — Un retour à Solon. — Maisons municipales. — Concurrence du mieux.

Toute fille qui se livre au commerce sexuel doit évidemment être inscrite au bureau de prévoyance, et celui-ci, avons-nous dit, a pour souci principal d'empêcher qu'aucune d'elles ne se dérobe à cette formalité. C'est à l'aide de cette liste d'inscription qu'un contrôle des visites peut s'exercer sérieusement. Il est donc très important qu'elle soit toujours au complet.

Chaque fille devrait être en possession d'un livret spécial servant à constater l'identité de la personne et les dates des visites signées par le médecin. Il contiendrait, en outre, une transcription du règlement sanitaire et des peines encourues pour délit de transmission; enfin, tous les renseignements qui permettraient à l'inscrite de se préserver, à l'aide d'une surveillance intelligente, de ce qui se passe en elle et chez ses clients.

Ce livret serait présenté au visiteur sans qu'il eût à le demander, ainsi que fait un cocher de fiacre qui glisse à son voyageur le numéro de son véhicule. Je demande pardon de cette comparaison déplacée, mais elle rend assez bien ma pensée, qui est d'offrir audit visiteur l'avantage de savoir tout de suite à qui il a affaire.

Ces précautions pourraient être adoucies pour les filles qui logent en maison, sous le contrôle et la responsabilité d'une maîtresse. Dans ce dernier cas, les mesures sanitaires sont d'une application facile et les garanties aussi sérieuses qu'on peut les désirer. On pourrait d'ailleurs rendre encore plus efficaces ces garanties en punissant la maîtresse comme complice du délit de transmission. Avec ce petit article supplémentaire, on serait assuré de réaliser une surveillance qui ne laisserait plus grand'chose à faire au bureau de prévoyance. Il y a donc un intérêt majeur à réunir le plus grand nombre de filles dans ces maisons connues sous le nom singulier de maisons de tolérance, comme s'il y avait lieu de tolérer l'inévitable et le nécessaire.

Quoi qu'il en soit, ces établissements étant ce qu'il y a de plus commode et de plus sain pour la satisfaction des besoins sexuels, doivent être l'objet d'une sollicitude attentive de la part de l'autorité. Il faut les protéger et les encourager, de manière à en étendre le nombre au lieu de les contrarier, comme font certains édiles peu intelligents. Malheureusement le sort fait aux pauvres créatures qui se décident à y entrer n'est pas de nature à les attirer.

On sait que les maîtresses de maison exploitent leurs pensionnaires en leur fournissant, à des prix ruineux, des objets de toilette que leur vanité excessive les dispose d'ailleurs à rechercher. Des bottines en satin de 50 francs et des robes de chambre de 500 francs, sans compter les bijoux, sont pour ces dames une fourniture courante. Il en résulte que, malgré les bénéfices considérables qu'elles réalisent, elles sont presque toutes fortement endettées. C'est par là qu'elles sont tenues prisonnières et qu'elles ne peuvent aller nulle part sans être accompagnées par une sous-maîtresse et sans avoir laissé au logis un gage suffisant. Quelques-unes gagnant jusqu'à mille et douze cents francs par mois, ne peuvent cependant parvenir à se libérer qu'à grand'peine; d'autres n'y arrivent qu'avec le secours d'un ami qui consent à payer leurs lourds arriérés.

Tous les goûts sont dans la nature. Il arrive, en effet, quelquefois, que ces tristes recluses excitent tout à coup une passion folle, chez un homme fort bien d'ailleurs et nullement absurde d'autre part, et que celui-ci pour délivrer sa bien-aimée et l'avoir seul à sa disposition, règle son compte et la délivre. Mais il faut le dire, le cas est assez rare et la plupart attendent vainement un pareil libérateur. Quelques-unes perdant patience s'esquivent adroitement et alors, suivant l'argot des lieux, la maîtresse boit un *bouillon*.

La dite maîtresse, en le buvant, pousse des gémissements plaintifs et vous expose que la perte qu'elle subit est une justification éclatante de l'élévation des prix de ses fournitures. C'est le raisonnement que fait l'usurier qui prête, à un taux ruineux, de l'argent aux dissipateurs, argent en déduction duquel comptent un crocodile empaillé et une haute croûte signée d'un faux nom célèbre.

Ces pertes qu'on ne peut nier, rendent difficile une intervention de l'autorité municipale tendant à combattre l'exploitation des pensionnaires par leurs maîtresses, et d'autant mieux que les victimes se gardent généralement de soulever officiellement aucune réclamation. Elles en parlent bien quelquefois à leurs visiteurs, mais ceux-ci songent à tout autre chose qu'à s'armer leurs chevaliers, et ne sentent nullement le besoin de porter le débat devant l'autorité. L'abus paraît donc impossible à déraciner. Cependant en s'y prenant en biais, il ne faudrait pas désespérer d'y arriver. Mais il faudrait commencer par nous débarrasser de l'épaisse couche d'hypocrisie sous laquelle nous faisons de si ridicules grimaces.

Aux maisons administrées par l'industrie privée, on en opposerait d'autres organisées par la municipalité elle-même et surveillées par le bureau de prévoyance. Ces établissements présenteraient de tels avantages, que le plus grand nombre de filles demanderaient à y entrer dans la certitude de trouver là un régime plus juste et plus doux que celui qu'elles subissent ailleurs.

Les clients à leur tour, espérant avec raison, rencontrer dans ces établissements municipaux, plus de garanties sanitaires, plus d'ordre, plus de décence, si le mot ne paraît pas ici aventuré, ne manqueraient pas de leur accorder la préférence. Les maisons particulières stimulées par cette concurrence, s'attacheraient alors à faire mieux, et c'est ainsi que l'exploitation usuraire à laquelle elles se livrent à l'égard de leurs pensionnaires pourrait être sensiblement atténuée, sinon complètement détruite.

Le bureau de prévoyance se chargerait naturellement de présider à l'organisation et à l'administration de ces maisons municipales et se garderait bien d'en contrarier les pensionnaires par ces mesures restrictives et inintelligentes, qui font beaucoup de mal en gênant l'efficacité du dérivatif moristique.

Les maisons de ce genre seraient naturellement de diverses classes répondant aux prix que chaque étage de citoyen peut y mettre. Il y en aurait surtout à bas prix, à l'usage de la majorité pauvre. Combien de vices contre nature,de dépravation honteuse, n'épargneraient-elles pas ? Que les moralistes du convenu veuillent bien y réfléchir un instant de bonne foi, et ils n'auront plus envie de crier au scandale.

L'idée n'est d'ailleurs pas nouvelle car elle remonte à Athènes et à Solon, un législateur qui, au dire des connaisseurs, n'était pas tout à fait sans mérite.

A cette époque que nous sommes dressés à admirer,les conditions moristiques étaient tout simplement abominables.

La sodomie était particulièrement en honneur et menaçait d'arrêter l'essor de la vie. Les législateurs, bien que la pratiquant à leurs heures, comprirent le péril de cette odieuse dépravation et, pour la combattre, introduisirent presque partout des dispositions favorables aux courtisanes. Celles-ci furent donc reconnues comme les défenseurs naturels de la morale outragée, et durent être traitées avec une certaine distinction, je dirai même avec une certaine reconnaissance. De là l'influence considérable et justement méritée des Aspasie, des Phryné, des Laïs et de tant d'autres illustres et séduisants champions des lois de la nature.

Rien de plus légitime.

Il s'agissait, en effet, d'empêcher l'homme de retourner à la brute dont il sortait à peine. Et le législateur avait le devoir de s'en préoccuper sérieusement.

Aujourd'hui, grâce aux progrès accumulés par les siècles, il ne s'agit heureusement plus de conjurer un si grand danger, mais il s'agit, et c'est bien assez, d'empêcher les désordres et les crimes qu'engendre la récurrence des besoins sexuels. Ce but vaut certes bien la peine que l'autorité s'en occupe directement et d'une manière attentive. Et c'est pourquoi l'organisation de l'établissement municipal, tel que nous en donnons l'idée, apparaît aux clairvoyants comme un établissement de première nécessité et, en même temps, comme un sûr moyen de réduire au minimum les abus de l'industrie privée.

CHAPITRE XVIII

Objections des simplistes. — La peur d'une prostitution universelle. — Disette et faux emploi des bacchantes. — Désir platonique de n'avoir que des saints, comme de posséder huit lunes, ainsi que Saturne.

J'appelle simplistes, ces esprits déjà classés par les philosophes, qui ne voient que les détails des choses et n'en peuvent saisir les ensembles. Ils excellent parfois comme spécialistes, professent brillamment un coin des sciences, font même des découvertes et néanmoins sont incapables de formuler une loi générale et d'atteindre une vue supérieure des rapports.

Les simplistes donc qui composent encore la

grande majorité de notre espèce, ne manqueront pas de dire ici : mais si vous faites aux filles inscrites un sort entouré de garanties, à l'abri des insultes et de l'arbitraire, en un mot un sort presque enviable, toutes les créatures appartenant au sexe faible, vont immédiatement s'enrôler dans leur corporation et la société ne sera plus qu'un vaste lupanar.

Voilà certes un mode de généraliser qui pourrait conduire loin. C'est à peu près comme si l'on disait : gardez-vous bien de traiter les prisonniers avec humanité, parce que tout le monde va se précipiter dans les prisons, pour y jouir des agréments qu'on y trouve.

Les choses heureusement ne menacent pas de se passer ainsi.

La femme en général, est retenue par des raisons que les charmes de la maison municipale seraient impuissants à vaincre et l'homme est tout à fait dans les mêmes dispositions à l'égard des séductions de la geôle.

Les tempéraments et les caractères sont distribués dans notre espèce de manière à assurer un ordre approximatif, en attendant une harmonie dont la réalisation demande encore des siècles. Qu'on se rassure, la fille qui ira dans la maison municipale est tout simplement celle qui ferait de la prostitution clandestine, au grand détriment de la santé publique, et la seule crainte à concevoir, c'est que les avantages de ladite maison ne soient pas assez puissants pour la décider à y chercher un abri.

Il y a dans notre société un certain nombre de femmes qui ont le caractère de Bacchantes. Ce nombre répond aux besoins d'un ordre moristique fort différent du nôtre, où elles trouveront à exercer un rôle à la fois artistique et moral. — Que les timides se rassurent, nous en sommes encore fort loin. — Dans l'état présent, ce rôle se réduit à réaliser tant bien que mal, un dérivatif aux passions sexuelles sans emploi. Mais l'effectif des bacchantes en fonction n'est ni au complet ni à sa place. Celles qu'une situation privilégiée classe, à part, dans ce qu'on appelle le monde, mènent une existence excentrique, courent les aventures, dandinent leurs époux, mais ne travaillent pas à préserver le foyer, qu'elles troublent au contraire, comme des ennemis introduits dans la place. Celles que la misère talonne et que les circonstances entraînent sont les seules qui donnent franchement du collier, et qui opèrent conformément à leurs penchants organiques. Comme leur effectif est diminué des Bacchantes plus heureuses qui vivent dans les salons, elles se complètent à l'aide de quelques pauvres diablesses qui n'étaient pas faites pour ça. C'est ainsi que l'équilibre se rétablit à peu près, mais il faut le dire, avec quelque peine, car l'effectif à l'œuvre est loin d'être à la hauteur des besoins.

Il n'y a donc pas à craindre qu'une amélioration dans la condition de ces malheureuses ait pour résultat un accroissement inquiétant et gênant de leur nombre.

Mais diront encore les simplistes :

Ces maisons municipales seront nécessairement groupées dans des quartiers réservés, et il s'y passera inévitablement de fréquents désordres, rixes, coups de couteau et autres explosions brutales.

D'abord rien n'oblige de grouper ainsi ces établissements, mais quand on s'y déciderait, je n'y verrais qu'un avantage de plus.

Et en effet, il y a encore des hommes qui éprouvent, de temps à autre, le besoin de retourner à la brute dont ils ne sont d'ailleurs pas très éloignés. Ces êtres ont par moment un trop-plein de bestialité qu'il leur faut absolument répandre quelque part. Un quartier peuplé de filles, et suffisamment excentrique, est précisément le vomitorium spécial qui leur convient. C'est ainsi que l'institution réalise à la fois la tranquillité du foyer et celle des rues.

La besogne de la police s'en trouve ainsi notablement simplifiée, car elle sait à l'avance qu'à tel lieu et à telle heure, on se donnera très probablement des coups de poings et des coups de couteaux. Elle n'a donc qu'à s'y rendre pour être assurée d'y trouver de quoi occuper ses loisirs d'une manière conforme à sa mission.

Il serait sans doute préférable que les hommes fussent tous des saints comme le veulent les sermoneurs, à commencer par eux qui ne le sont guère, et qu'en cet état de béatitude ils n'eussent besoin ni de prostitution, ni par suite de maisons spéciales pour la loger. Le philosophe en demeure d'accord. Mais comme d'une part l'homme ne sera jamais un saint, et que, d'autre part, il ne transigera jamais avec certaines passions qui lui viennent de Dieu ou de la nature, si l'on ne veut pas que Dieu intervienne ici, passions sans lesquelles il se garderait bien de se perpétuer, il faut bien en prendre son parti comme de n'avoir qu'une lune, tandis qu'il serait bien plus agréable d'en avoir huit comme Saturne et un anneau par-dessus le marché.

Les simplistes défenseurs de cette morale de fantaisie qui leur est propre, n'ont donc rien de mieux à faire que de garder pour leur usage, leurs prescriptions rigoureuses et leurs chastes indignations pour ce qui touche à cette grave question.

Un philosophe poli, bien que doutant fort de leur sincérité, fera toujours semblant d'y croire, en les félicitant de leurs rares vertus, mais il ne descendra jamais à les prendre un instant au sérieux.

CHAPITRE XIX

Thèse de la prostitution libre. — Une statistique de faits inconnus qui aspire à conclure. — Accord parfait sur la demande d'une loi nécessaire.

Quelques esprits généreux sans doute, mais à mon avis peu clairvoyants, ont soutenu la thèse d'un commerce sexuel affranchi de toute réglementation et par suite de tout contrôle sanitaire.

Pour prouver qu'ils avaient raison, ils ont fait appel à cette complaisante statistique qui dit tout ce qu'on veut, quand on sait l'interroger adroitement. Celle-ci a mis aussitôt à leur disposition une foule de chiffres qui prouvaient que les filles non surveillées étaient beaucoup moins malades que celles qui passaient à la visite sous l'œil attentif du médecin. Ces chiffres éloquents ne permettant aucune réplique, il est bien évident, disent-ils, que le contrôle sanitaire est plutôt nuisible qu'avantageux, et que, par conséquent, il y a lieu de le supprimer au plus vite.

Mais les champions de la thèse contraire ayant, à leur tour, fait parler la statistique, sont arrivés à des résultats diamétralement opposés, et en ont conclu naturellement, que ledit contrôle sanitaire diminue considérablement le nombre et la gravité des maladies, et qu'il est, par suite, urgent d'étendre autant que possible ses bienfaisants effets.

Ainsi qu'on a pu le voir par ce qui précède, je partage entièrement l'avis de ces derniers. Seulement je trouve que pour en démontrer la justesse, il n'est pas besoin d'invoquer la statistique qui, après l'abus qu'en ont fait les contradicteurs en présence, a gravement compromis son autorité. Il me semble bien qu'un simple appel au sens commun doit suffire à vider le débat en le dégageant des chiffres évidemment frauduleux qui l'obscurcissent.

Les adversaires du contrôle pensent que l'intérêt d'une fille suffit pour l'amener à exercer, sur elle-même et sur ses clients, la surveillance qui doit la préserver, et qu'il n'est pas besoin de s'en mêler.

Examinons un peu.

Si le grand intérêt d'une fille est de se préserver de la maladie et de s'en guérir au plus tôt quand elle en est atteinte, comment cet intérêt pourrait-il cesser de la diriger quand on lui offrirait gracieusement les moyens de le satisfaire ?

Comment, voici une fille affranchie de tout contrôle qui devient malade, et la voilà qui court immédiatement chez le médecin ; en voici une autre soumise au contrôle, qui se trouve dans un cas pareil et elle refuse de consulter ce même médecin ! de sorte qu'elle le demande quand il faut aller le chercher et elle le repousse quand on le lui offre ! Je déclare humblement n'y rien comprendre du tout. Il me semble bien que leur intérêt à toutes deux, est de se guérir au plus vite et que, pour cela, la seconde est bien mieux placée que la première. La fille libre comme on la désire, est en ce moment représentée par la clandestine, qui se soustrait à tout contrôle. Ce qui se passe pour celle-ci, au point de vue hygiénique, ressemble beaucoup à ce qui se passerait pour l'autre. Eh bien, quand la clandestine s'aperçoit un jour qu'elle est malade, il est clair qu'elle a déjà empesté une partie de sa clientèle. Mais comme cette distribution pathologique ne peut durer longtemps, elle songe à se guérir. Mais où aller ? A l'hopital ? Ce serait déclarer publiquement le métier qu'elle fait. Elle aimera donc mieux s'adresser à quelque empirique clandestin comme elle, qui lui vendra quelque drogue charlatanesque dont l'effet probable sera d'aggraver son état. Que deviendra alors la triste créature et sa non moins triste clientèle ? car enfin il faut qu'elle vive et pour cela il faut qu'elle continue son commerce. Sans aller chercher la statistique, on devine les conséquences d'une situation aussi malsaine et aussi désespérée.

Mais je voudrais bien que cette complaisante statistique m'expliquât par quel ingénieux procédé elle parvient à nombrer des faits qui se passent dans le secret, et qui par conséquent se dérobent à toute recherche. Comment les partisans de la prostitution libre ne voient-ils pas qu'il est impossible de faire le compte des filles malades ou non malades qui figurent dans cette catégorie ? Qui dit clandestin, dit caché, ce me semble ; et où est le calculateur assez malin pour additionner des éléments rebelles à toute addition ? Il est évident que les défenseurs d'une liberté sans limite n'y ont pas songé un instant. Mais l'observateur clairvoyant y songe pour eux et ne peut, par suite, prendre au sérieux leur prétendue preuve tirée de chiffres que personne ne peut connaître.

On m'a cité, dans le temps, une fillette qui passait sa vie à distribuer à ses amis le mal dont elle était infectée, et dont l'aspect trompeur défiait tous les soupçons. Cette pécheresse, qui n'était d'ailleurs pas la seule de son espèce, et qui était naturellement classée parmi les femmes honnêtes, ne figurait certainement pas dans la statistique de MM. de la prostitution libre.

Il me semble donc impossible d'hésiter sur ce point, et le contrôle sanitaire exercé dans les conditions bienveillantes que nous avons indiquées, apparaîtra toujours comme une nécessité d'ordre public.

Maintenant il est bon de le répéter, le contrôle même exercé par des hommes honorables et dévoués, demande impérieusement d'être consacré par une loi. Tous les juristes vous diront, en effet, qu'il n'y a pas moyen de procéder autrement, et que tout ce qui se fait à l'heure présente, en cette matière, est une violation criante des principes les plus élémentaires de notre droit public. Aucune autorité n'a reçu le pouvoir d'arrêter une femme inscrite et surtout de l'emprisonner, si elle n'a pas commis un délit défini par la loi. Il y a mieux, cette femme qui se donne au premier venu pourrait vous faire condamner au bagne, si vous la violiez, tout comme la plus chaste des Lucrèces. L'arbitraire auquel elle est soumise ne peut donc être toléré plus longtemps.

En défendant ce principe les partisans de la prostitution libre sont certainement dans le vrai, et nous sommes sur ce point en parfait accord, mais où nous cessons de nous entendre, c'est quand ils nient l'efficacité du contrôle au point de vue sanitaire, et qu'ils en demandent la suppression. Nous pensons au contraire que l'intérêt public le réclame impérieusement, et c'est surtout pour le rendre plus efficace que nous réclamons l'intervention d'une loi spéciale.

Assurément l'arbitraire est une chose odieuse, mais l'empoisonnement de notre espèce ne l'est pas moins, et il ne faut pas, pour éviter le premier inconvénient, tomber en plein dans le second. Eviter les deux est évidemment préférable, et c'est au législateur seul qu'il appartient d'atteindre ce précieux résultat.

CHAPITRE XX

Nos jugements généraux. — Origine commune de leurs erreurs. — Le clavier des qualités humaines. — Les braves vont au ciel... à leur grand étonnement.

Nos idées courantes et les jugements généraux qui en découlent sont, en grande majorité, absolument faux. Ils le sont à ce point et d'une manière si évidente, quand un peu de réflexion les éclaire, que ceux-là même qui les expriment sont obligés d'en convenir. Mais ces aveux, on le comprend, ne peuvent être obtenus que dans le tête-à-tête et jamais devant témoins. Chacun ici-bas ayant son rôle à jouer, ne consent à déposer son masque que rentré chez lui.

Le défaut de nos jugements, consiste le plus souvent à solidariser nos vices, comme nos qualités suivant les indications d'un convenu social, qui paraît nécessaire. La société, étant naturellement conduite à honorer plus particulièrement les qualités qu'elle croit indispensables à son existence, se plaît à les supposer jointes à toutes celles qui glorifient notre espèce. La société actuelle étant encore sur le pied de guerre et vivant sous la menace d'une bataille qui peut la mettre en péril, a le plus grand intérêt à exalter le courage militaire. Que fait-elle alors? Elle soutient hardiment que l'homme courageux est doué de toutes les vertus, et qu'il représente le type le plus élevé de notre espèce.

Ce que j'ai vu de mieux réussi dans cet ordre d'idées, c'est une chapelle située dans un hôpital militaire, sur le fronton de laquelle on lisait en gros caractères, cette prodigieuse inscription :

LES BRAVES VONT AU CIEL !

Je ne sais ce qu'en pensait l'évêque, mais quant à moi, qui avais eu l'honneur de vivre dans les camps, avec bon nombre de braves, je ne pus, à cette découverte, me défendre d'une douce hilarité. Et je me mis à douter que ce nouveau procédé de se procurer des braves eût un grand succès, le brave n'ayant généralement qu'un goût médiocre pour le paradis et ne se souciant guère d'y entrer. Certes je suis loin de penser qu'un brave ne puisse aller au ciel, car il en est de fort bons catholiques, mais que tous y aient droit, c'est une assertion qui paraîtra bien téméraire à quiconque a eu l'occasion de faire la guerre avec des zouaves et des turcos. J'ajouterai même que si le paradis était réservé à certains braves que j'ai connus, il vaudrait mieux aller passer son éternité ailleurs. On ne trouvera pas un mortel qui, après réflexion, ne reconnaisse qu'on peut être un brave à tout crin et en même temps un sacripant digne de la corde, mais cet aveu fait, il recommencera un instant après à exalter le courage comme la vertu génératrice de toutes les autres.

Il est admis pour le même motif qu'un poltron est un être dégradé, la honte de notre espèce. Pourquoi, s'il vous plaît ? Parce que la société suppose, non sans raison, que ledit poltron un jour de bataille ne lui sera d'aucun secours, et n'ayant rien à espérer de lui dans ce qui fait sa constante préoccupation, elle le couvre de mépris et le déclare indigne.

Mais lui dit un penseur : ce poltron peut être un savant distingué, un bienfaiteur, un éclaireur de ses semblables, et peut d'ailleurs posséder une foule de vertus admirables. Fi ! répond-elle, que voulez-vous faire d'un homme qui n'est pas toujours prêt à se faire trouer la peau pour moi ?

Parallèlement, la société, pour soutenir son institution du mariage qui a souvent du malheur, se met à exalter la chasteté, la fidélité chez la femme, et proclame que celle qui a ces précieuses vertus est le modèle accompli des épouses et des mères. Or, il arrive fréquemment que cette femme chaste et fidèle est, dans le ménage, une mégère à bec et griffes, absolument insupportable et que son époux, n'y pouvant plus tenir, l'envoie un beau jour à tous les diables, en la faisant passer par la fenêtre. La société n'en continue pas moins à soutenir que ladite femme, chaste et fidèle, est nécessairement une femme accomplie et qu'elle seule peut faire le bonheur de l'homme qui l'épouse.

D'un autre côté, l'opinion courante professe qu'une femme de mœurs irrégulières est assurément une abominable créature, et tous les moutons humains se mettent à la mépriser. Or il arrive assez souvent que cette abominable créature se trouve douée d'excellentes qualités, et qu'elle mérite l'affection et même l'estime de tous ceux qui l'approchent. C'est quelquefois, une Aspasie, une Agnès Sorel, une Ninon de l'Enclos. Le jugement qu'on porte sur elle est donc, dans beaucoup de cas, ridicule et inique, et la plupart de ceux qui le formulent en sont parfaitement convaincus, mais il s'agit avant tout, en public, de se montrer respectueux envers les lieux communs, et c'est ce qu'ils s'empressent de faire.

Voici une image qui pourrait servir à rectifier le faux point de vue des esprits superficiels qui jugent ces matières ; si toutefois il était possible d'abattre un préjugé avec une image, quand le pavé d'un siècle parfois n'y suffit pas.

Les qualités humaines peuvent être représentées par un clavier composé d'un certain nombre de touches. La perfection consisterait, pour un de nous, à disposer de ce clavier au grand complet. Mais la perfection n'étant pas de ce monde, il n'y faut pas songer. Chaque mortel n'a donc qu'un certain nombre de touches à sa disposition et c'est avec ce contingent qu'il fait sa partie dans le concert de ses semblables.

Mais l'absence de l'une d'elles n'entraîne pas nécessairement la suppression de toutes les autres. Ainsi, par exemple, supposez rayé du clavier la touche qui répond à la bravoure, il vous reste encore la bonté, la bienveillance, la probité et bien d'autres qualités précieuses. Enlevez du clavier de la femme la chasteté, — il ne peut être question de cette touche dans le clavier de l'homme — et vous avez encore la grâce, la douceur, la générosité, que sais-je, moi ? une foule d'excellentes et de brillantes qualités qui peuvent subsister en l'absence de l'autre.

Cette possibilité suffit pour suspendre tout jugement sur la valeur du sujet, quand on sort du vulgaire, et qu'on aime particulièrement à être juste. Mais malheureusement le nombre de ceux qui se trouvent dans ce cas est encore très limité ; et c'est ce qui explique pourquoi nos jugements généraux sont en majorité parfaitement absurdes.

Pour en revenir au sujet qui nous occupe, les appréciations courantes sur les filles numérotées, sont souvent injustes et exagérées. Si l'on en croyait les prudes de salon et les moralistes d'estaminet, ces pauvres créatures seraient ce qu'il y a de plus vil et de plus dégradé dans notre espèce. Il n'en est rien. Beaucoup d'entre elles ont des sentiments généreux, sont capables de dévouement, manifestent à l'occasion une sensibilité exquise et se montrent enfin, en dehors de la crudité de leur vie, des femmes aimables et sympathiques.

Il y a mieux. Il en est qui n'ont pas perdu tout sentiment de pudeur et qui, malgré elles, le manifestent quand l'occasion s'en présente.

Un souvenir à l'appui.

Dans une visite sanitaire à laquelle j'assistais, je vois arriver à son tour, une jolie blonde, pâle comme la neige et tremblant de tous ses membres.

Qu'avez-vous donc, madame, pour trembler ainsi, lui dit le médecin, homme fort distingué et par suite très bienveillant ?

Mon Dieu, monsieur, c'est plus fort que moi, j'ai honte !

Ici se place un grand éclat de rire de la maîtresse de maison qui lui dit en ricanant : Ah çà, mignonne, comment fais-tu donc quand tu reçois ton galant ?

Oh ! c'est bien différent, répond la pauvrette, là je suis seule, et c'est plus naturel.

Seule et plus naturel ! Ces deux mots me firent longtemps réfléchir.

A part quelques aguerries à l'œil effronté, beaucoup, parmi celles de la haute classe, se présentent d'un air contraint et embarrassé, quelques-unes rougissent et se voilent la face pendant l'examen du docteur.

Autre souvenir.

Un avocat de mes amis, ayant défendu aux assises une fille inscrite, accusée d'avoir tué un officier qui l'avait brutalisée, m'a raconté un fait encore plus singulier.

La malheureuse, qui avait sur le corps les traces des mauvais traitements qu'elle avait subis, n'avait pas voulu les montrer au juge d'instruction, de crainte de se découvrir devant lui ! Ce dernier vestige d'une pudeur depuis longtemps envolée faillit compromettre gravement sa cause, et si son défenseur n'avait pas fait intervenir à temps une constatation médicale, sa pauvre cliente n'eût certainement pas obtenu l'acquittement que le jury lui accorda.

Voilà certes une pudeur qui n'était pas feinte, car elle était évidemment fort dangereuse à pratiquer.

Qui pourrait s'étonner de ces contradictions ? les hommes les plus fiers, les plus solides, n'en donnent-ils pas, dans le cours de leur vie, des exemples fréquents? Il en est, il est vrai, qui les nient, mais ceux-là sont bien peu clairvoyants ou de bien mauvaise foi, ainsi que tout observateur peut le constater.

On reproche à ces pécheresses d'être fort avides, et de tenir beaucoup à l'argent.

Rien de plus vrai et une foule plaintive de déplumés pourrait au besoin en porter témoignage. Mais quel est, s'il vous plaît, celui de ces critiques myopes, qui, faisant un métier, n'en tire pas tout le profit qu'il peut ?

L'avidité de ces commerçantes est-elle plus forte que celle de ce brasseur d'affaires qui joue à la bourse, tond les crédules et exploite la naïveté publique ?

Est-elle plus éhontée que celle de cet industriel impudent, qui fait de la bière avec des bottes de gendarmes, du poivre des colonies avec du tourteau, du café avec de l'argile, du sucre avec de la craie, et du chocolat avec ce fruit que le chêne abandonne au compagnon de saint Antoine ?

Est-elle plus audacieuse que celle de cet astucieux marchand qui vous vend dix francs ce qui lui en coûte cinq et n'en vaut pas deux ?

Triste balance humaine, qui t'affranchira de tes faux poids ?

Autre matière à ébahissement ! Il est de ces filles qui par leurs qualités s'attirent de véritables amis, qui trouvent un certain plaisir à les voir et à causer avec elles ! J'ai connu un homme très distingué, par l'esprit et par le cœur, qui a conservé pendant trois ans, une affection sincère et une sorte de fidélité à l'une de ces femmes à laquelle il trouvait une grâce et une distinction particulière, sans compter la beauté, dont l'influence est irrésistible partout. Il en est d'autres qui inspirent des passions profondes et, on peut le dire, vraiment extravagantes. Mais il ne faut en parler que pour mémoire, l'amour étant une hallucination qui ne permet pas de voir les objets tels qu'ils sont.

Toutes, il faut le reconnaître, ne sont pas au même niveau. Il en est, en effet, qui sont tombées si bas qu'elles ne sont plus qu'une dégradation de l'être humain. Mais la société régulière et honorée n'est pas sans montrer de nombreux exemples de ce genre, qui vivent pourtant sous la protection de ses lois. Seulement on peut rappeler, comme circonstance attenuante en faveur des premières, que ce sont généralement des hommes, déjà plus bas placés qu'elles, qui les ont fait descendre jusque-là.

Les penseurs véritablement libres et clairvoyants découvrent dans chaque groupe social des vices qui leur sont propres, et en concluent avec raison qu'il n'y a pas entre eux, au point de vue de la morale pure, une si grande différence qu'on veut bien le dire. Ces vices sont de caractères divers et spéciaux, pourrait-on dire, mais ce ne sont pas moins des vices, et les plus dangereux et les plus bas ne sont pas précisément ceux qui entraînent une malheureuse fille à faire commerce de son corps. Dans les groupes dits honnêtes, la cupidité, l'ambition, l'envie, la haine et autres mobiles de cet ordre, produisent des effets encore plus déplorables. Les romans du jour, qui ne font en réalité que de l'histoire, ne laissent aucun doute sur ce point.

En définitive, les groupes sociaux, vus de haut et d'ensemble, s'équivalent à peu près moralement. Tous renferment des exceptions en bien comme en mal, et celles-ci dépendent parfois de circonstances indépendantes de la volonté réfléchie, c'est-à-dire responsable. Un bandit aurait pu devenir un héros, une catin une sainte, et réciproquement. Cela est de la dernière évidence pour les penseurs.

En résumé, nos jugements généraux ont presque tous pour vice fondamental de solidariser les défauts et les qualités, suivant l'arbitraire des préjugés régnants. Pour rappeler l'image du clavier, ils partent de ce principe que la suppression d'une touche, entraîne nécessairement celle de toutes les autres. Ce qui fait que dans l'ordre moristique, par exemple, ils déclarent qu'une femme privée d'une vertu qui assurément l'honore et l'élève est nécessairement une créature vile et abjecte.

Conséquence certainement erronée, ainsi que la logique et les faits le démontrent journellement.

Ce serait d'ailleurs le cas de répéter ici cette parole profonde qui sera éternellement admirable :

« Que celui qui est sans pêché lui jette la première pierre. »

CHAPITRE XXI

Physiologie du mépris moristique.— Le désir d'abaisser et l'envie du bonheur supposé. — Sentiments d'une belle âme.

L'homme, à côté de ses grandeurs, a des défaillances déplorables. Il faut bien le prendre tel qu'il est. Seulement il est bon de l'analyser quelquefois pour faire la part de ces deux aspects de sa nature : l'ange et la bête.

Une des grandes faiblesses du pauvre être humain, c'est la jalousie du bonheur d'autrui. Ce vilain sentiment devient tour à tour ridicule et féroce, quand il s'agit de la possession d'une femme. Dans ce cas, il la veut toute entière pour lui, et s'il pouvait la fabriquer d'une virginité exceptionnelle pour son usage, il réaliserait à peine l'idéal qu'il rêve. Quant à sa virginité propre à lui, il ne s'en inquiète guère, cela va sans dire.

Cette jalousie il la ressent non seulement pour la femme sur laquelle il a des droits, mais encore pour celle qui ne le regarde en aucune manière, et qui n'a absolument rien à démêler avec lui. La pensée qu'un de ses semblables va posséder une femme qui en vaut la peine, éveille en lui une foule de pensées malsaines et basses. C'est ce qui fait qu'aux alentours de chaque union bien assortie, on entend fréquemment siffler la calomnie, et parfois se dresser le spectre des lettres anonymes.

C'est bien une autre affaire, quand un de ses semblables, au lieu de prendre une femme à l'honneur du monde — suivant l'expression consacrée — prend tout simplement une maîtresse, c'est-à-dire, se met à vivre avec une fille d'Ève dans une condition irrégulière. Comme il suppose alors que le bonheur réalisé est plus grand, sa jalousie s'en accroît naturellement, et comme, d'autre part, elle se trouve encouragée par les préjugés régnants, cette vilaine passion atteint alors les derniers sommets de l'absurde et de l'inique.

Quant à la férocité, elle n'éclate généralement que dans le cas où le possesseur croit non seulement son amour trahi, mais encore ses droits lésés. Alors, ma foi, il la tue par l'épée ou le pistolet, à son choix, et la loi s'empresse de l'absoudre, ce qui est une manière délicate de lui dire qu'il a bien fait, et de convier les autres à en faire autant.

La femme ainsi traitée pense néanmoins, à cet égard, d'une manière aussi déraisonnable que l'homme. Seulement, comme elle n'a pas fait la loi, et que ses moyens d'action sont moins puissants, elle n'arrive pas à des résultats aussi terribles. Mais elle se rattrape sur le coup de langue, exercice dans lequel elle excelle.

Elle est jalouse de la pécheresse, parce qu'elle lui suppose des satisfactions qui lui sont interdites, et qu'elle n'obtiendra jamais. Ne pouvant la châtier directement, elle lui prodigue son mépris avec une aigreur d'expression qui montre clairement d'où le coup part.

L'homme, n'étant généralement, en apparence du moins, que l'écho fort hypocrite des sentiments moristiques de sa compagne et se sentant coupable, renchérit encore sur l'indignation de celle-ci, à la façon de ces filous qui se mêlent aux groupes qui les poursuivent, en criant plus fort qu'eux : au voleur !

On reconnaît encore comme élément du mérismoristique, le désir d'abaisser les autres, qui chez le vulgaire représente la seule manière de s'élever. Une femme qui paraît être ou est en effet dans une position régulière, et qui sent d'ailleurs qu'elle ne peut se targuer que de ce seul mérite, tient à le rappeler toutes les fois que l'occasion le lui permet. Aussi quand ses regards et ses propos peuvent atteindre une malheureuse en déchéance, elle ne manque jamais de s'élever sur son abaissement, et de se procurer un petit triomphe que tout le monde est disposé à lui accorder, ou plus exactement, que personne n'ose lui refuser, en apparence du moins.

L'homme fait comme elle, mais chez lui le mobile qui le pousse est encore plus malsain ; car, le plus souvent, il lance son mépris sur celle dont il vient d'être le complice.

Il n'est pas un moraliste un peu exercé qui ne trouve, dans cette exagération du mépris envers la femme déchue, les deux vilains mobiles que nous exprimons : jalousie d'un bonheur qu'on suppose et désir d'abaisser pour paraître moins bas. Le mépris dans ces conditions est donc le signe d'une âme vulgaire : les belles âmes ne l'éprouvent jamais.

J'ai connu autrefois une admirable fille sur le retour, un peu bossue et contrefaite, mais douée d'une figure touchante et mélancolique qui tout d'abord attirait et charmait. Cette bonne créature qui appartenait d'ailleurs à la classe élevée, passait son temps à faire le bien. C'était une sorte de sœur de charité libre et laïque. Quand une infortune lui était connue, elle se mettait aussitôt en campagne, et ne se reposait qu'après l'avoir soulagée.

Je la voyais quelquefois accoster dans les rues des filles notoirement connues pour la légèreté de leurs mœurs, et causer avec elles sur un ton bienveillant, je dirai même amical. Cela se passait devant tout le monde sans fausse honte, sans embarras, comme si pareille rencontre n'avait pu attirer l'attention de personne.

Mais, lui dis-je un jour, d'où vous vient cette singulière fréquentation qui certes, ne me trouble guère, mais qui peut en effaroucher tant d'autres dans ce tas de passants qui vous regardent?

C'est bien simple, me dit-elle, ces pauvres

créatures tant méprisées par les gens de ma condition, sont pour moi bien souvent de précieuses auxiliaires. Quand j'ai une malheureuse mère de famille qui va mourir de faim, elle et ses enfants, je fais une tournée chez mes cocottes qui m'accueillent d'une manière charmante, et je reviens les mains pleines. Et voilà pourquoi vous me voyez leur parler avec sympathie, sans souci de ce qu'on peut en dire. Que voulez-vous ? au souvenir du bien qu'elles m'ont permis de faire, je leur suis reconnaissante. Et puis je me dis, quand je parle à l'une d'elles : qui sait si ce ne sera pas un jour une Madeleine ?

Voilà l'appréciation d'une sainte. Elle mérite d'être citée aux effarouchés de contrebande, dont l'indignation n'a certainement pas pour cause le souci de la vertu et de la morale outragées.

CHAPITRE XXII

Épisode à méditer. — Amours d'un nain et d'une grosse ribaude. — Une paillette d'or dans l'union de deux guenilles.

Je cheminais un jour dans un quartier consacré à la prostitution, observant et méditant, sans me soucier des interpellations dont j'étais l'objet. Tout à coup je vois sortir d'une porte entre-bâillée un couple riant et braillant qui attire mon attention.

C'était bien entendu un homme et une femme pittoresquement enlacés et s'épanouissant au grand air de la rue au sortir de leur bouge.

Etait-ce bien un homme, était-ce bien une

femme ? Il faut bien les appeler ainsi, puisque des êtres pareils n'ont pas encore trouvé une classification spéciale.

L'homme était une sorte d'avorton bossu, boiteux et singulièrement déformé. Il était, en outre, parfaitement laid de figure et aussi crasseux et dépenaillé qu'on peut l'être.

Sa compagne était une forte luronne barbue, rogommeuse, et paraissant professer pour la toilette un mépris souverain.

Ils s'en allaient tous deux, comme aurait dit Rabelais, *Dodelinant de la téte, monochordisant des doigts, et barytonnant du cul.*

Je me mis à les suivre discrètement, comprenant qu'il y avait là un sujet d'observation des plus intéressants. J'espère, dit la luronne, que tu vas maintenant me payer un fameux perroquet !

— Deux perroquets, dit le nain, avec un enthousiasme généreux.

Et ils se dirigèrent vers un cabaret qui occupait un coin de rue et qui était, en effet, renommé pour l'excellence de ses perroquets : sa nombreuse clientèle en portait un témoignage éclatant.

Ils entrèrent, chantant et rayonnant de joie à la pensée du régal qui les attendait.

Les perroquets furent servis, et comme le bonhomme arrivait juste à la hauteur du comptoir, sa complaisante compagne lui faisait passer son verre, après en avoir bu une gorgée pour voir s'il était à point.

— Comme ça, tu sauras ma pensée, disait-elle en minaudant à sa manière.

Et ils s'embrassaient avec des effusions de tendresse qui contrastaient singulièrement avec la rudesse de leurs écorces. On aurait dit une grenouille étreignant un scarabée.

— Cependant, me disais-je, voilà deux misérables déshérités de ce monde qui goûtent un instant, dans leurs bas-fonds, des joies égales à celles des plus heureux de la terre !

Les perroquets vidés, le petit difforme paya généreusement l'addition, et lança sa monnaie sur le comptoir de l'air d'un grand seigneur qui jette sa bourse à des manants. Il s'agissait, je crois, d'une somme de six sous ; mais ces six sous, extraits de pareilles guenilles, c'était, en proportion, plus d'un million pour M. de Rothschild.

Le compte payé, ils sortirent encore plus radieux qu'ils n'étaient entrés, continuant leurs embrassades au beau milieu de la rue. Au moment où ce singulier Roméo allait quitter sa non moins singulière Juliette, il lui jeta, dans un dernier adieu, ce mot touchant :

— Tu m'aimes, au moins ?

— Si je t'aime, dit la ribaude, comment pourrais-tu en douter?

Et, levant ses bras vers le ciel, elle sembla le prendre à témoin de la sincérité de son amour.

Puis, chacun prit son chemin, non sans jeter

un coup d'œil en arrière, comme pour caresser d'un dernier regard l'objet de sa tendresse.

Il serait trop long de reproduire ici toutes les réflexions que m'inspira ce spectacle, à la fois burlesque et touchant. Qu'on m'en permette une seule :

— Voilà, me disais-je, un pauvre difforme qui ne peut être aimé que par une sorte de guenon. Eh bien ! c'est ici qu'il la trouve, et qu'il peut satisfaire avec elle ce besoin impérieux qu'éprouve toute créature humaine d'aimer et de se croire aimé. Qui sait, bon Dieu ! ce que deviendrait cet exilé de toute joie s'il n'avait pas, de temps à autre, les compensations que lui prodigue la ribaude qui l'accepte et qui lui suffit ? Celle-ci n'est-elle pas, sans qu'elle s'en doute, le paratonnerre qui dissipe un orage prêt à éclater ! Ce malheureux, courbé sous les railleries du sort et de ses semblables, privé de toute illusion et de toute espérance, ne pourrait-il pas se relever terrible, armé de haine et de vengeance?

Et, malgré moi, je me sentis comme un vague sentiment de reconnaissance pour cette femme dégradée, avilie, qui servait peut-être à préserver la société d'un crime?

CHAPITRE XXIII

Comment pourrait finir la prostitution ? — Aperçu d'une société où elle n'aurait plus sa raison d'être. — Nous en sommes encore loin.

Supposez une société tout autrement constituée que la nôtre et dont, à vol d'oiseau, on peut faire la description de la manière suivante :

Les préjugés politiques, religieux et moristiques qui nous divisent sont morts et enterrés. L'homme n'a plus d'autre guide que la science, et applique partout sa méthode.

La justice distributive est comprise, aimée et pratiquée ; la solidarité sert de base à toutes les institutions.

Le citoyen est respectueux de la loi et de tout ce qui touche à la personne d'autrui.

Le gouvernement est une grande administration, dirigée à tous les degrés par des hommes compétents, et choisis uniquement à cause de leur compétence.

Le suffrage universel, puissance souveraine, délègue un corps plébiscitaire pour voter les lois, celui-ci un corps législatif pour les discuter, et ce dernier un chef d'Etat pour les faire exécuter.

La commune est la base de l'édifice social. Au point de vue moral c'est une grande famille ; au point de vue économique, c'est une association ou mieux une compagnie organisée pour l'exploitation du sol et de l'industrie locale.

Le département est une association de communes et l'Etat une association de départements.

Les membres de la commune sont donc des

actionnaires d'une même compagnie, dont les uns apportent leurs bras, les autres leurs capitaux, les autres leurs sciences.

Le prolétaire a, par conséquent, disparu pour faire place à l'associé, dernière évolution du travailleur.

Celui-ci reçoit un dividende à la place du salaire, et ce dividende lui est acquis dès l'âge où il peut produire.

Avant cet âge, la commune l'a à sa charge et lui donne gratuitement l'instruction primaire et professionnelle. Si ses facultés révèlent en lui un sujet distingué, la commune le pousse aussi haut qu'il peut atteindre.

La femme prolétaire jouit des mêmes droits et des mêmes avantages que l'homme. Elle peut aussi arriver à toutes les fonctions, à tous les emplois qui ne lui sont pas interdits par ses conditions physiologiques.

Elle est donc actionnaire de la commune et

touche son dividende au même titre et dans les mêmes proportions que l'homme.

La commune, élevant et entretenant les enfants jusqu'à l'âge où ils gagnent leur dividende, ils ne sont plus une charge pour les parents qui peuvent, sans souci de leur avenir, se livrer au doux plaisir de les aimer.

Le mariage, affranchi de toute préoccupation intéressée, est l'union de deux êtres qui s'aiment. L'amour étant la plus sûre garantie de la fidélité, les scandales ne troublent plus la paix des ménages. Quand la discorde les visite, ils se dissolvent sans effort et sans bruit pour faire place à d'autres.

La femme ayant une existence assurée ainsi que l'enfant, cette dissolution ne produit aucun mal. Les intéressés l'acceptent donc sans rancune, parce qu'ils n'y trouvent que des avantages.

Quant aux tempéraments ardents et capricieux des deux sexes, ils s'arrangent entre eux comme ils l'entendent, la moristique empreinte de liberté et de tolérance, ne se mêle jamais de ce qu'ils font.

La femme ayant une existence assurée et pouvant s'unir à celui qu'elle aime, soit par un mariage régulier ou par une liaison tolérée par l'usage, n'a plus aucun motif de se livrer à la prostitution, soit pour satisfaire ses penchants sexuels, soit pour échapper à la misère.

La prostitution se trouve ainsi honorablement remplacée, pour les tempéraments réfractaires, par une galanterie décente et honnête comme celle dont bon nombre de femmes d'une grande distinction nous donnent l'exemple même de nos jours.

Et c'est ainsi que la prostitution disparaît définitivement de la société.

Mais diront les robustes enfants de la vieille routine : Ce que vous dites là n'a pas le sens commun, c'est un rêve absurde, une utopie ridicule, et jamais notre espèce ne réalisera de pareilles institutions et de pareilles mœurs.

Fort bien, chers myopes, alors prenez-en bravement votre parti. Vivez dans l'hypocrisie qui vous plaît, et continuez à vous prostituer à votre aise jusqu'à la consommation des siècles, si vous admettez qu'il n'y a pas moyen de faire autrement.

Et puisque vous reconnaissez que la prostitution doit vivre éternellement, traitez-la au moins comme une institution de prévoyance, c'est-à-dire, d'une manière intelligente et bienveillante et non pas d'une manière grossière et barbare, comme vous le faites encore aujourd'hui en plein siècle amoureux de lumière et de justice.

CHAPITRE XXIV

Résumé. — Une institution spéciale : le bureau de prévoyance. — Des maisons municipales pour faire concurrence aux maisons particulières. — En dehors des prescriptions de la loi, liberté absolue pour la fille comme pour tout le monde.

La passion sexuelle est absolument incompressible. Tout ce qui tend à la refouler ne sert qu'à l'irriter davantage en produisant les plus graves désordres.

Le mariage qui lui donne une satisfaction régulière, n'étant accessible que sous certaines conditions, laisse ceux qui ne peuvent en profiter, à l'état d'hostilité et de dépravation, au sein de la société.

En attendant un mieux encore fort lointain, la prostitution se présente donc comme seule capable de conjurer le péril. Elle est en conséquence, une institution relativement morale et bienfaisante. Le législateur doit l'affranchir de l'arbitraire, la moristique de l'hypocrisie.

Le droit du législateur gît exclusivement dans le danger sanitaire qu'elle présente. Son premier soin doit être de supprimer le danger afin de pouvoir ensuite supprimer sa propre intervention.

La loi faite, son application doit être retirée de la police proprement dite et confiée à une institution spéciale qu'on pourrait désigner sous le nom de bureau de prévoyance.

Ce bureau, composé d'hommes honorables, ayant une situation et un âge qui inspirent le respect et la confiance, aurait son siège auprès du bureau de bienfaisance auquel il serait annexé pour mieux préciser son caractère. A côté de l'institution qui s'occupe des pauvres de la misère, celle qui a souci des pauvres de la déchéance doit trouver sa place.

Le rôle du bureau de prévoyance consisterait — à surveiller la prostitution sous toutes ses formes, particulièrement au point de vue sanitaire, — à exercer dans ce but une certaine juridiction définie par la loi, — à encourager les conversions des filles inscrites — à faciliter leurs établissements dans la vie régulière — à secourir les malheureuses pour les empêcher de tomber plus bas — en un mot, à assainir, autant qu'il peut l'être au physique et au moral, cette impasse malsaine de nos misères.

Le bureau de prévoyance surveillerait, en outre, d'une manière spéciale les maisons organisées par les soins des municipalités, afin d'atténuer les effets ruineux de l'exploitation dont les filles sont victimes dans les maisons particulières.

En dehors des obligations sanitaires, la fille inscrite rentrerait dans le droit commun et jouirait de la protection des lois comme toute personne libre et majeure.

En un mot, la conduite de la société, à l'égard de la prostitution, doit avoir pour principe, la reconnaissance sans fausse honte de son utilité et la compassion pour les pauvres créatures qui en font les frais.

Toute autre manière de voir n'est pas digne de notre siècle.

FIN.

TABLE DES MATIÈRES

Imprimerie D. Bardin et Cie, à Saint-Germain.

www.ingramcontent.com/pod-product-compliance
Ingram Content Group UK Ltd.
Pitfield, Milton Keynes, MK11 3LW, UK
UKHW022106260726
13993UKWH00001B/340

9 782329 292786